Richard Nehls-Zeiler

Manipulation und Manipulationstechniken – come into power: Die Kunst zu überzeugen – Menschen lesen wie ein Profi

Manipulation und Manipulationstechniken – come into power

Die Kunst zu überzeugen – Menschen lesen wie ein Profi

Richard Nehls-Zeiler

mellontikos VERLAG

Richard Nehls-Zeiler, Mellontikos Verlag wird vertreten durch:

Straight - Marketing GmbH
Mittenwalderstrasse 5a
82467 Garmisch-Partenkirchen
info@mellontikos-verlag.com
https://mellontikos-verlag.com

1. Auflage 2021

ISBN: 978-3-96786-020-7

Covergestaltung: Wolkenart – Marie-Katharina Becker,
www.wolkenart.com
eBook-Erstellung & Buchsatz: Jana Köbel - www.jana-koebel.de

Inhalt

Über den Autor

Richard Nehls-Zeiler führt ein erfolgreiches Unternehmen und beschäftigt sich seit über 20 Jahren mit der Psychologie des Menschen.

Sein großer Erfahrungsschatz im Umgang mit Menschen und seine Expertise in verschiedenen psychologischen Bereichen helfen ihm nicht nur im Berufsalltag sondern auch privat weiter. Deshalb möchte er sein Wissen unbedingt jedem vermitteln, der sich ebenfalls für die Psychologie interessiert. Denn die Lehre der Seele ist der Schlüssel zum Erfolg! Der Autor hat es geschafft, sein Selbstbewusstsein Schritt für Schritt aufzubauen und möchte nun aufzeigen, wie genau das funktioniert.

In seiner Freizeit liebt er es, zu schreiben und sich weiterzubilden. Außerdem unternimmt er gern Wanderungen mit seiner Familie und seinen zwei Hunden. „In der Natur kann man Kraft tanken und einfach aufblühen“, so der Autor.

Richard wünscht seinen Leserinnen und Lesern viel Freude beim Lesen und dass sie all ihre Träume verwirklichen können.

Motto

Erfolg bedeutet:
Andere Menschen überzeugen zu können und sich auf diesem Weg nicht manipulieren zu lassen.

Vorwort

Es war an einem Mittwochmorgen. Lange hatte ich mich auf diesen Tag gefreut. Ich wachte gerade in meinem Hotelzimmer auf, streckte mich und ging zum Fenster. „Wow", dachte ich mir. „Was für ein Anblick." Es war wundervoll, auf das Meer zu blicken und zu beobachten, wie sich die aufgehende Sonne in dem Wasser spiegelte. Sechzehntausend Kilometer war ich gereist. Und endlich war es soweit. Nach einigen anstrengenden beruflichen Monaten hatte ich mir eine Auszeit genommen. Ich hatte mich zu einem Tauchkurs angemeldet, da ich die Natur und vor allem die Unterwasserwelt schon immer liebte. Tatsächlich war es auch höchste Zeit, denn für einen erfolgreichen Unternehmer hat ein

Arbeitstag nicht immer nur acht Stunden. Mein Team und ich hatten viel erreicht und darauf konnte ich sehr stolz sein. Doch war es auch nicht immer einfach. Wer viel mit Menschen zusammenarbeitet, weiß das. Bevor ich anfing, eigene Unternehmen aufzubauen, war ich bereits fünf Jahre als Ausbilder tätig. Das schulte und stärkte mich im Umgang mit Menschen.

Ich setzte mich im Hotelzimmer in den Sessel, der am Balkon stand und schaute weiter auf das wundervolle Meer. In diesem Moment begann ich darüber nachzudenken, was ich die letzten Jahre alles erlebt hatte. Es lief wie ein Film vor meinem geistigen Auge ab. Doch ganz gleich, was auch passierte, welche Krise ich erlebte oder welche Herausforderungen ich zu stemmen hatte, es gab immer eine Lösung. Mir wurde schlagartig klar, dass es fast immer ein und dieselbe Fähigkeit war, die mich beschützte, mir Kraft schenkte und meinen Weg zu einem Meisterwerk gemacht hat. Es war die Fähigkeit zu kommunizieren, anderen Menschen Vorteile aufzuzeigen, sie zu überzeugen und nicht in das Hamsterrad von dunklen Manipulatoren zu geraten. Über all die Jahre habe ich diese Fähigkeit für mich so perfektioniert, dass ich einen Lügner, Betrüger oder Narzissten kilometerweit gegen den Wind riechen kann. Auf der anderen Seite sehe ich aber auch sehr schnell die Begabungen, Talente und Fähigkeiten in anderen Menschen, sodass ich sie fördern und weiterentwickeln kann. In meiner Zeit als Ausbilder war genau das meine Kernkompetenz.

Ich habe aber auch festgestellt, dass es viele Menschen gibt, die das noch nicht können. Manche von ihnen haben schwere Zeiten durchgemacht oder befinden sich immer mal wieder in schweren Krisen. Genau dafür habe ich dieses Buch geschrieben. Es soll Menschen helfen, genauso sicher und souverän agieren und handeln zu können wie ich. Und das ist ein großer Vorteil. Denn ich habe damals kein Buch gelesen, um mir alles anzueignen. Sondern ich bin durch die harte Schule der Erfahrungen gegangen. Dieser Weg dauert tatsächlich länger und ist schmerzvoller.

Sie haben nun die Möglichkeit, davon zu profitieren und müssen keine Umwege mehr gehen.

In diesem Buch erfahren Sie, was Manipulation tatsächlich ist, wann man sie als gut oder schlecht einstufen kann, und welche unterschiedlichen Formen und Manipulationstechniken es gibt. Zudem erhalten Sie zahlreiche rhetorische Stilmittel, die Ihnen helfen werden, andere Menschen zu überzeugen. Im fünften Teil des Buches geht es um die dunkle Psychologie und deren Wirkmechanismen. Damit Sie sich gegen die Manipulation anderer wehren können, erhalten Sie im sechsten Teil einige Beispiele, damit Sie mit ausreichend Abwehrtechniken ausgestattet sind. Zudem erfahren Sie, wie Sie die Gedanken und Gefühle anderer Menschen durch deren Körpersprache entziffern können und wie Sie gezielt Lügner entlarven.

Teil I - Einführung

Suggestive Manipulation - die Kraft im Verborgenen

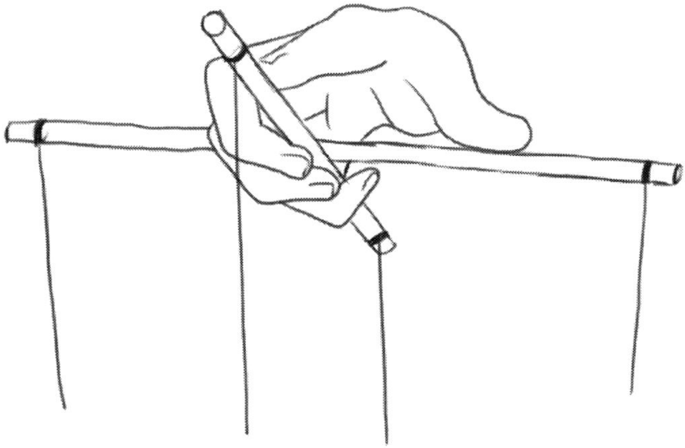

Definition der Manipulation

Die Begrifflichkeit Manipulation hat seinen Ursprung im Lateinischen und bedeutet Handhabung. In den Bereichen der Psychologie und Soziologie spricht man von der Einflussnahme auf andere Menschen oder Gruppierungen. Dabei ist es häufig so, dass jemand mit Minderwertigkeitsgefühlen, wenig Selbstvertrauen oder ängstlichem Verhalten, leichter zu manipulieren ist.

Vielleicht kennen Sie auch Situationen, in denen Sie sich mal beeinflusst gefühlt haben. Wenn man beispielsweise einen Zeitungsartikel liest, einen neuen Kinofilm schaut, Radio hört und dabei auf dramatische Ereignisse stößt, steigt die Wahrscheinlichkeit der Angst, dass einem auch so etwas widerfahren könnte. Man wird zunehmend vorsichtiger und trifft möglicherweise Sicherheitsvorkehrungen. Ich erinnere mich an einen früheren Geschäftspartner. Wir waren eigentlich zu einem Termin verabredet. Er rief mich an und sagte mir, in sein Haus sei eingebrochen worden. Selbstverständlich musste er sich darum kümmern und konnte nicht kommen. Einige Tage später, als unser Treffen dann stattfand, erzählte er mir, was geschehen war. Interessant fand ich, dass viele Anwohner in der Straße und Umgebung etwas für die Sicherheit ihres Hauses taten. Einige bauten sicherere Schlösser ein, installierten Kameras oder Alarmanlagen. Sie wurden von dem Ereignis beeinflusst.

Tatsächlich sind es aber nicht nur solche Situationen. Das gesamte Leben besteht aus Beeinflussung und Manipulation. Kleine Kinder schreien, um Aufmerksamkeit oder Essen zu bekommen. Eltern wählen erzieherische Maßnahmen wie Lob oder Tadel. In Beziehungen wird häufig mit Zuneigung oder Abgrenzung gearbeitet, um klar zu machen, was man möchte. In Geschäften gibt es jede Woche neue Sonderangebote, um den Umsatz anzukurbeln. Tatsächlich können wir sagen, dass hinter allem, was wir zwischenmenschlich tun, eine Motivation steckt. Es geht immer um Beeinflussung.

Der Begriff Manipulation selbst ist in unserer Sprache negativ besetzt. Dabei muss nicht grundsätzlich eine böse Absicht dahinterstehen. Ich erinnere mich noch an eines meiner ersten Seminare, welches ich besuchte. Es ging dabei inhaltlich um Mitarbeiterführung. Der Seminarleiter hatte uns förmlich den Kopf verdreht. Sämtliche Zweifel, Glaubenssätze oder Bedenken hatte er aus dem Weg geräumt. Es gab nur noch die Option eine fantastische Führungskraft zu werden. Das war Manipulation pur. War das jetzt böse oder hinterhältig? Nein! Ganz im Gegenteil. Alle Teilnehmer hatten sogar dafür bezahlt. Manipulation ist also immer das, was man daraus macht. Sicherlich gibt es Menschen, die nur den eigenen Vorteil im Fokus haben und keine Rücksicht auf andere nehmen. Wie bei allem im Leben gibt es eine dunkle und eine helle Seite. Durch dieses Buch lernen Sie beide Seiten kennen. Sie können sich anschließend gegen dunkle Manipulation optimal wehren und die helle verwenden, um andere Menschen für sich zu gewinnen.

An dieser Stelle habe ich eine Frage an Sie. Halten Sie es nicht auch für wichtig, im Leben glücklich zu sein, wie fast alle Menschen? Während Sie diese Frage nun innerlich beantwortet haben, muss ich Ihnen ein Geständnis machen. Ich habe Sie gerade versucht zu manipulieren. Möglicherweise ist es mir auch gelungen. Denn eine beliebte Form der Manipulationstechniken sind sogenannte Suggestionen. Dabei handelt es sich um direkte oder versteckte Botschaften, die einen anderen Menschen in eine bestimmte Richtung lenken sollen. Die Frage, die ich Ihnen soeben gestellt habe war eine Suggestivfrage. Ich habe Sie schließlich nicht offen gefragt: „Was ist Ihnen im Leben wichtig?", sondern ich habe Sie in eine ganz bestimmte Richtung gelenkt, damit Sie aller Erwartung nach mit „Ja" antworten. Ich habe nämlich die folgenden Elemente eingebaut:

Halten Sie es nicht auch für wichtig, …
und
…, wie fast alle Menschen.

Damit habe ich ganz gezielt versucht, Ihnen vorzugeben, was Sie möchten und habe den Druck erhöht, indem ich behauptet habe, dass fast alle Menschen so denken.

Suggestionen gibt es aber nicht nur in Frageform. Oftmals handelt es sich um reine Behauptungen. Selbst Falschaussagen können überzeugend rübergebracht werden. Aber dazu später mehr.

Kennen Sie eigentlich den weniger eleganten Spruch für schwangere Frauen: „Sie hat einen Braten in der Röhre"? Ich muss zugeben, dass es nicht sehr charmant ist, sich so zu äußern. Doch wissen Sie eigentlich, wo diese Redewendung herkommt? Ein Arzt hat es mir mal erklärt und ich war auch völlig überrascht. Während der ersten Schwangerschaftswochen hat das Embryo noch die gleiche Köpertemperatur wie die Mutter. Ab der 12. Woche ist es jedoch so, dass die Temperatur im Bauch auf 47,2 bis zu 50,1 Grad ansteigt und diese bis circa drei Wochen vor der Entbindung konstant bleibt. Dann senkt sich der Wert wieder langsam ab. Aufgrund der höheren Temperatur hat ein süddeutscher Arzt bereits vor dem 1. Weltkrieg von einem Braten in der Röhre gesprochen.

Möglicherweise fragen Sie sich gerade, was das mit Manipulation zu hat und warum ich es für wichtig erachte, ihnen das mitzuteilen. Ich will es Ihnen erklären. Die Aussage sowie meine Erklärungen sind frei erfunden.

Die Macht der Suggestionen

Suggestionen sind Botschaften, die uns in Form von Worten oder Bildern beeinflussen können. Die Wirkung ist oftmals so stark, dass wir dadurch infrage stellen müssen, ob es so etwas wie den freien Willen überhaupt gibt. In den USA arbeitete mal eine Forschergruppe, die ihren Probanden je eine Tablette gab. Man teilte ihnen mit, dass diese die Intelligenz deutlich erhöhen würde. Tatsächlich handelte es sich um einen völlig wirkungslosen Stoff. Dennoch konnte man in den späteren Untersuchungen und Tests feststellen, dass sie viele Aufgaben und Rätsel deutlich einfacher lösen konnten als zuvor. Diesen Effekt nennt man seither Placebo.

Was in diesem Beispiel so positiv klingt, gibt es auch im negativen Sinne. Wenn man Menschen glaubhaft erzählen würde, dass die Luftqualität in Süddeutschland deutlich schlechter geworden sei und man davon krank werden könne, würde man hier eine entsprechende Reaktion erleben. Möglicherweise gäbe es tatsächlich Vergiftungserscheinungen oder Menschen, die nach Luft schnappen.

Ein Bekannter erzählte mir mal eine kuriose Geschichte aus seiner Kindheit. Er war circa 5 Jahre jung. An einem Tag war er mit seiner Mutter bei Verwandten zu Besuch. Dort hatten sie Kuchen gegessen. Wie das bei Kindern so ist, haben sie manchmal mehr Kuchen im Gesicht als im Mund. So war es auch bei meinem Bekannten. Also ging er ins Badezimmer, nahm einen Waschlappen, machte ihn etwas nass und wusch sich das Gesicht. Schließlich kam er zurück an den Tisch. Seine Mutter fragte, womit er sich denn gewaschen hätte. Er antwortete: „Mit einem Waschlappen." Die Mutter erwiderte: „Du hast hoffentlich einen sauberen genommen. Wenn sich vorher andere damit gewaschen haben, kann man davon krank werden." Er bestätigte, dass es ganz sicher ein frischer war. Doch in seinen Gedanken war er sich vollkommen unsicher. Er dachte darüber nach, was wohl alles passieren könnte, falls der Waschlappen doch nicht frisch war. Circa eine Stunde später bekam er einen Hautausschlag am ganzen Körper. Es juckte und brannte ganz unangenehm. So fuhr er mit seiner Mutter nach Hause. Da es nicht besser wurde, rief sie beim Arzt an, um sich einen Termin zu holen. Als sie den Hörer gerade wieder aufgelegt hatte, klingelte das Telefon. Der Opa hatte zwischenzeitlich im Badezimmer nachgeschaut und konnte bestätigen, dass alle Waschlappen absolut frisch waren. Eine beruhigende Information. Noch bevor Mutter und Sohn beim Arzt eintrafen, verschwand der Hautauschlag bereits. Auch an diesem Beispiel können Sie sehen, wie machtvoll Botschaften, also Suggestionen sein können. Sie beeinflussen sogar den Körper.

Gedanken beeinflussen somit unser Verhalten, die Gesundheit, aber auch unsere Leistungsfähigkeit. In einem Unternehmen hatte der Chef in der Montageabteilung Kameraattrappen aufhängen lassen. Die Mitarbeiter waren jedoch im Glauben, dass sie beobachtet werden könnten. Dies führte dazu, dass sich ihre Leistungsfähigkeit um 30 Prozent steigerte. Verrückt, oder? Menschen verändern ihr Verhalten, wenn sie das Gefühl haben, man könne sie dabei sehen.

Ein weiteres Beispiel stammt von einem US-amerikanischen Psychologen. Er stellte seinen Probanden zunächst die Frage, ob Mahatma Gandhi älter oder jünger als 144 Jahre alt gewesen sei, als er starb. Alle Teilnehmer lächelten und wussten genau, dass er sicherlich nicht älter war. Dann stellte der Psychologe seine zweite Frage. Er wollte wissen, wie alt Gandhi tatsächlich war als er starb. Fast alle Antworten lagen zwischen 80 und 100 Jahren. Tatsächlich starb er mit 78 Jahren.

Es gab aber auch eine weitere Testgruppe. Dieser wurde nur die Frage nach dem tatsächlichen Alter gestellt, in dem Gandhi starb. Diese Antworten lagen im Durchschnitt bei 65 Jahren.

Erklärt werden kann dieses Phänomen durch die Einstiegsfrage. Durch die Zahl 144 denkt man automatisch an einen sehr alten Menschen. Das führt auch dazu, dass man seine Schätzung möglicherweise deutlich höher angibt.

Die Grundlagen der Manipulation

Grundlagen der Manipulation

Das gesamte menschliche Verhalten ist beeinflussbar. Ebenso Gedanken und Gefühle. In vielen Fällen steckt nicht mal eine Absicht dahinter. Stellen Sie sich ein Gespräch mit einer Dame vor. Sie lächelt und hat eine weiche Aussprache. Vielleicht bemerken Sie bereits nach kurzer Zeit, dass Sie eine gewisse Sympathie entwickeln. Sie fühlen sich wohl und angenehm unterhalten. Bereits als kleine Kinder haben wir gelernt, dass es sich gut anfühlt, wenn wir liebevoll angelächelt werden. Denn dadurch entsteht eine emotionale Verbindung. Das ist eine instinktive Reaktion. Deswegen verwenden Kinder oft auch Gestik und Mimik, wenn sie von ihren Eltern etwas wollen. Ein Lächeln, liebevolle Kulleraugen, ein zur

Seite geneigter Kopf und eine blumige Sprache. Es wird also genutzt, um etwas zu erreichen.

Der Grad reicht dabei von reiner Freundlichkeit bis hin zu subtilen, unfairen und vorsätzlichen Manipulationstechniken. Und das erleben wir jeden Tag in der Politik, der Werbung, in den Medien, im Job und Privatleben. Man möchte etwas von uns und nutzt dafür psychologische Beeinflussungsmittel.

Stellen Sie sich einmal ein verheiratetes Paar vor. Die Frau möchte gerne nach Rhodos in den Urlaub fliegen. Der Mann würde aber lieber zu Hause bleiben und ein Carport bauen. Beide werden versuchen, den jeweils anderen von der eigenen Idee zu überzeugen. Manche machen das mit Druck oder emotionaler Erpressung, andere sind einfach freundlich und bitten.

Fakt ist, jeder möchte etwas von anderen und ganz viele Menschen wollen auch etwas von Ihnen. Die Frage ist jedoch, welche Mittel man wählt. Sieht man in diesem Moment nur seine eigenen Bedürfnisse oder ist man so empathisch, dass man sich auch in andere hineinfühlen kann? Erfährt man echte Wertschätzung von anderen oder ist es nur ein manipulatives Mittel, damit man im Sinne des anderen handelt?

Um für sich die Frage zu klären, ob man möglicherweise manipuliert wird, sollte man sich immer die Interessen des anderen vor Augen führen. Die Medien beispielsweise haben nicht nur den Anspruch, Menschen zu informieren. In aller erster Linie sind es Wirtschaftsunternehmen und sie müssen Geld verdienen. Sie benötigen gewisse Einschaltquoten, um im Wettbewerb bestehen zu können. Genauso ist es im Gesundheitswesen. Der gesamte Markt lebt finanziell davon, dass Menschen krank sind. Würden sie alle gesund machen, wären Ärzte, Heilpraktiker, Pharmakonzerne und viele andere Institutionen sofort arbeitslos.

Die gesamte Werbeindustrie arbeitet mit den Resultaten aus der Gehirnforschung. Sie untersuchen Verhaltensmuster und die Reize, auf die Menschen reagieren. Diese bauen sie gezielt in ihre Werbemaßnahmen ein.

In der Politik hat es beispielsweise in den letzten Jahrzehnten einen starken Wandel gegeben. Früher war es besonders wichtig, welches Programm eine Partei hatte. Heute geht es auch um Inhalte, aber vielmehr um Authentizität und Persönlichkeit. Die Parteien, die das erkannt haben und gezielt für sich nutzen, sind am erfolgreichsten. Politiker müssen sich in der heutigen Zeit somit in Szene setzen, nahbar, menschlich und charismatisch sein, um sich gegen andere durchsetzen zu können.

Wie Sie sehen, ist alles im Leben Beeinflussung und Manipulation. Der Einsatz der Methoden und die Achtung des freien Willens anderer Menschen entscheidet schließlich darüber, ob wir das als gut oder schlecht einstufen.

Das Eisberg-Modell

Vielleicht haben Sie schon mal von dem Eisbergmodell gehört. Es stammt von dem Psychologen Sigmund Freud. Anhand dieses Modells lässt sich die Kommunikation zwischen Menschen sehr gut erklären und verstehen.

Denken Sie dazu an einen Eisberg, der im Wasser schwimmt. Das, was Sie aus dem Wasser ragen sehen, ist dabei nur die Spitze. Der viel größere Teil ist unter Wasser und somit oberflächlich gar nicht sichtbar. In der zwischenmenschlichen Kommunikation ist das genauso. Einen kleinen Teil nehmen wir bewusst wahr. Doch überwiegend findet sie unbewusst statt.

Sigmund Freud ging mit seinem Eisbergmodell davon aus, dass 20 Prozent bewusst ablaufen und 80 Prozent unbewusst. Den kleineren Teil nannte er die Sachebene. Dort befinden sich die logischen und analytischen Vorgänge wie Zahlen, Daten und Fakten. Aber auch sämtliche Gedanken, Gefühle, Vorlieben und Bedürfnisse. In dem viel größeren, unbewussten Teil finden wir unsere Glaubenssätze, Ängste, Instinkte und tiefen Erfahrungen. Diese werden über unsere Stimme oder die Körpersprache unbewusst mit ausgestrahlt, sobald wir mit anderen Menschen kommunizieren.

In jedem Lebensbereich können Sie Bestätigungen für das Eisbergmodell finden. Denken Sie doch mal an ein Vorstellungsgespräch. Der Chef eines Unternehmens sitzt im Meetingraum. Er interviewt gerade einen Bewerber. Nach circa einer Stunde sind sich die beiden einig und wollen nun über vertragliche Details sprechen. Der Bewerber sagt: „Ich mache Ihnen einen Vorschlag. Senden Sie mir einfach die Tage einen Entwurf für einen Arbeitsvertrag zu. Dann schaue ich mir diesen an und gebe Ihnen dazu meine Gedanken. Dann werden wir uns sicherlich ganz schnell einig." Der Chef antwortet: „Die Verträge macht meine Sekretärin. Ich habe hier andere Aufgaben. Wenn ich das selbst machen würde, wäre das sehr teuer. Setzen Sie sich doch bitte mit der netten Dame vorne am Empfang in Verbindung und sie sendet Ihnen alles zu."

Wenn Sie dieses Gespräch nun analysieren würden, dann könnte dies in alle möglichen Richtungen gehen. Bewertet man nur ganz sachlich, was gesagt wurde, gibt es vermutlich kaum Auffälligkeiten. Die letzte Aussage des Chefs hingegen könnte zum Nachdenken und Interpretieren anregen. Auf der einen Seite wäre es möglich, dass es sich um einen sehr wirtschaftlich denkenden Unternehmer handelt, der einfach seinen effizienten Strukturen folgt. Andererseits wäre es auch denkbar, dass er arrogant ist und seine Sekretärin als nicht so wertvoll ansieht. Vielleicht hält er sich für einen besseren Menschen und hat narzisstische Persönlichkeitsmerkmale. Auch wenn aus den Worten selbst nichts davon zu erkennen ist. In solchen Situationen kommt es somit ganz besonders auf die Tonlage und die Körpersprache an.

Aber auch im privaten Bereich können Sie sehen, wie das Eisbergmodell funktioniert. Stellen Sie sich ein älteres Ehepaar vor. Beide sitzen auf dem Sofa in ihrem Wohnzimmer und unterhalten sich. Dann fällt ihnen ein, dass sie am Abend noch zu einem Geburtstag eingeladen sind. Beide hatten es völlig vergessen. Der Man fragt seine Frau: „Hast Du mein hellblaues Hemd schon gewaschen und gebügelt?" Auch hier gibt es wieder mehrere Deutungsmöglichkeiten. Auf der Sachebene geht es nur darum, ob das Hemd sauber und gebügelt ist. Unterbewusst kann jedoch einiges mehr mitschwingen. Vielleicht kommuniziert das Ehepaar in der Regel auf Augenhöhe. Es kann auch sein, dass sie eine klare Arbeitsteilung haben. Eine andere Möglichkeit wäre, dass der Mann ihr erneut zeigen möchte, wer der Herr im Haus ist und indirekt einfordert, dass sie sich um sein Outfit für den Abend kümmern soll. Auch hier erkennen wir erst anhand des Tonfalls und der Körpersprache, was tatsächlich gemeint war.

Wir können also den unbewussten Teil in der Kommunikation nicht immer sofort und klar erfassen. Da dies jedoch mit 80 Prozent der größte Teil ist, können Missverständnisse entstehen.

Manipulationsmuster

Push und Pull

Im Bereich des Marketings gibt es die Push- und Pull-Strategie. Dabei handelt es sich um zwei unterschiedliche Möglichkeiten, um Produkte zu vertreiben.

Listet ein Unternehmen seine Artikel im Handel und vertreibt sie dadurch, dass Kunden die Produkte im Geschäft sehen und kaufen, dann sprechen wir von Push-Marketing. Übersetzt bedeutet Push „drücken". Und genau das ist auch damit gemeint. Man drückt seine Produkte in den Markt. Der Vorteil ist, dass man seine Ware breit im Handel streuen kann. Nachteilig ist, dass die Händler den Preisdruck erhöhen, bevor sie etwas listen.

Bei der Pull- Strategie handelt es sich genau um das Gegenteil. Man erzeugt bei seiner Zielgruppe eine Nachfrage. Das geschieht zum Beispiel durch Fernsehwerbung. So ist es möglich, dass Kunden in ein Geschäft gehen und ganz explizit nach den Produkten und deren Verfügbarkeit fragen. Bei dieser Strategie steht der Händler selbst etwas mehr unter Druck. Wenn zahlreiche Kunden nachfragen und die gewünschten Artikel nicht verfügbar sind, macht man sich unbeliebt. Durch die Pull-Strategie kann der Produzent auch etwas gelassener in die Preisverhandlungen gehen.

Beispiel zur Push-Strategie:

Ein Unternehmen stellt eine neue Kaffeesorte her. Sie ist koffeinfrei und deutlich milder. Mit der Push-Strategie geht der Unternehmer an sämtliche Supermärkte und Discounter, um dort aufgenommen und gelistet zu werden. Das funktioniert natürlich nur mit einem guten Preis. Wird die neue Kaffeesorte aufgenommen, können die ersten Paletten geliefert werden. Der Hersteller muss sich nun nicht mehr darum kümmern, dass eine Nachfrage erzeugt wird. Da der Kaffee in den Regalen sichtbar und verfügbar ist, wird er auch von der Laufkundschaft gekauft.

Beispiel zur Pull-Strategie:

Ein anderer Kaffeehersteller hat ebenfalls eine neue Sorte entwickelt. Anders als im vorherigen Beispiel wählt er die Pull-Strategie. Daher entschließt er sich Plakate zu drucken, Fernsehwerbung zu machen und in den sozialen Netzwerken Aufmerksamkeit zu erregen. Durch diese Aktionen steigt die Nachfrage im Markt. Kaufwillige Interessenten gehen in die Discounter und Supermärkte. Sie fragen nach der neuen Kaffeesorte. Dadurch sind sämtliche Händler gefordert, diese Nachfrage auch entsprechend gut zu bedienen. Dadurch kann der Hersteller einen höheren Preis verlangen.

Beide Strategien haben bereits etwas mit Manipulation und Beeinflussung zu tun. Denn je nachdem, für welchen Weg man sich entscheidet, hat es Einfluss auf das Kauf- und Nachfrageverhalten sowie den Preis.

Gehirnwäsche – Missbrauch

Wenn man den Begriff Gehirnwäsche zum ersten Mal hört oder liest, könnte man meinen, dass es darum geht, das Gehirn zu reinigen. Das ist jedoch nicht der Fall. Tatsächlich geht es dabei um ganz gezielte psychische Einflussnahme. Denn Menschen werden dahin geleitet, bestimmte Überzeugungen zu vertreten oder vordefinierte Identitäten anzunehmen. Doch wie soll das möglich sein? Dazu gibt es zwei Ansätze. Sie wurden von Iwan Petrowitsch Pawlow entdeckt. Eines seiner bekanntesten Experimente war der Pawlowsche Hund. Auch wenn er seine Untersuchungen häufig mit Tieren durchgeführt hat, lassen sich die Erkenntnisse auf den Menschen übertragen. Denn genauso, wie seine Versuche es belegen, lernt der Mensch, baut Gewohnheiten auf, lernt Fahrrad- oder Autofahren.

In seinem Versuch, dem Pawlowschen Hund, stellte er einem Vierbeiner eine Schale mit Futter hin. Ganz gewöhnlich war seine Beobachtung, wie bei dem Hund der erste Verdauungsschritt einsetzt. Er begann Speichel zu produzieren und leicht zu sabbern. Dieser ganz natürliche Vorgang wird unkonditioniertes Verhalten genannt. Im nächsten Schritt nahm er eine Glocke hinzu und ließ diese zunächst jedes Mal vor der Futtergabe läuten. Zu Beginn konnte der Hund mit dem Geräusch nichts anfangen. Doch mit der Zeit begann er sich bereits beim ersten Glockenklingen zu freuen, produzierte Speichel und begann zu sabbern. Der Hund hatte den Glockenton mit der Erwartung verknüpft, dass es nun etwas zu essen gibt. Diese Verknüpfung nannte Pawlow konditioniertes Verhalten. Auf diese Weise lernen auch wir Menschen und sind beeinflussbar. Gibt man jemandem häufig genug das Gefühl, dass er nicht gut ist oder alles falsch macht, dann glaubt er das irgendwann selbst. Wenn wir unsere gesamte Gesellschaft einmal aus der Vogelperspektive betrachten, dann stellen wir fest, dass alles, was wir tun und wie wir leben, konditioniertes Verhalten ist. Das wird schon dadurch bewiesen, dass sämtliche Völker, Kulturen und Religionen ihre eigene Art zu leben haben. Diese geben sie ganz automatisch an die nächste Generation weiter.

Kommen wir aber nochmal zurück zu unserem Verhaltensforscher Iwan Pawlow. In seinem Versuchslabor hatte er mehrere Hunde, mit denen er arbeitete. Eines Abends gab es leider einen unglücklichen Unfall. Es drang Wasser in das Gebäude. So viel, dass die Hunde um ihr Leben schwimmen mussten. Sie wurden panisch und strampelten, damit sie sich irgendwie retten konnten. Ohne einen Gedanken an etwas Schlimmes kam Pawlow am nächsten Morgen mit seinem Team wie gewohnt ins Labor. Sie halfen den Tieren sofort und brachten sie in Sicherheit. Dann pumpten sie das Wasser ab, räumten auf und renovierten das Gebäude. Einige Tage konnten sie keinerlei Experimente machen. Als jedoch alles wieder in neuem Glanz erstrahlte und sie mit neuen Versuchen beginnen wollten, stellten sie etwas Erstaunliches fest. Die Hunde hatten sämtliches erlerntes Verhalten einfach vergessen. Es war, als hätte jemand eine Reset-Taste gedrückt. Dann erinnerten sich die Forscher wieder an den lebensbedrohlichen Vorfall. Sie erkannten, dass die Überforderung der Hunde dazu geführt hatte, erlerntes Verhalten einfach aufzugeben oder zu verdrängen. Bei einem Menschen kann nach einem einschneidenden Erlebnis ein Gefühl von innerer Leere entstehen. Dieses ist in der Regel nicht leicht zu ertragen und deshalb will der Betroffene diese Lücke wieder auffüllen. Und genau an dieser Stelle sind wir Menschen extrem einfach zu manipulieren. Denken Sie mal an Sekten. Die meisten Menschen schließen sich innerhalb einer Lebenskrise solchen Organisationen an. Sie sind überfordert, erkennen den Sinn des Lebens nicht mehr und folgen Gruppierungen, die das schamlos ausnutzen. Diese füllen die Leere der Menschen mit ihrer Ideologie. Dagegen kann man sich kaum wehren, weil man es nicht bewusst mitbekommt.

Gehirnwäsche funktioniert genauso. Es gibt zahlreiche Methoden und Techniken, wie man Menschen ganz gezielt überfordern kann, sodass sie ihren bewussten Verstand verlieren. Man muss nur jemandem den Schlaf rauben, ihn hungern lassen oder der Todesangst aussetzen. In solchen Situationen legen Menschen alte Verhaltensweisen, Normen und Werte ab. Sie sind dann sehr schnell offen für Neues. Es gibt auch deutlich weichere und schleichendere Möglichkeiten, um den gleichen Effekt zu erzielen. Die gesamte Werbebranche funktioniert so.

Stellen Sie sich einmal eine Frau vor, die unzufrieden mit ihrem Hautbild ist. Die Salbe, die sie von ihrem Arzt bekommen hat, zeigt nur mäßigen Erfolg. Dann sieht sie zufällig in einer Zeitschrift einen Artikel über eine ganz neue Hautcreme. Es wird versprochen, innerhalb von wenigen Tagen einen Verjüngungsprozess in Gang zu setzen und porentiefe Reinheit zu erlangen. Die Frau ist mit der alten Vorgehensweise unzufrieden und somit offen für etwas Neues. Tatsächlich versprechen viele Hersteller solche Ergebnisse. Doch treten diese wirklich ein? Und so probiert man sich durch den gesamten Markt. Genauso ist es mit Diäten. Man hat oftmals kurzzeitigen Erfolg, erfährt an irgendeinem Punkt eine Überforderung, macht einen frustrierenden Rückschritt und ist dann wieder offen für die nächste Diät. So bleibt man ewig ein treuer Kunde in diesem Markt.

Man muss also nicht psychisch labil sein, sondern einfach nur in seinen Kühlschrank oder die Garage schauen und sich die Frage stellen: „Was hat mich dazu bewegt, all diese Dinge zu kaufen?“

Selbstverständlich möchte ich an dieser Stelle nicht alles verteufeln. Man muss eine klare Grenze ziehen. Denn schließlich besteht das gesamte Leben aus Beeinflussung und Manipulation. Wer das nicht möchte, wird wahrscheinlich ganz einsam auf einem Berg leben müssen. Denn in jedem Job und in jeder Beziehung erleben wir beeinflussende Mechanismen. Die Grenze sollte jedoch an der Stelle stehen, wo Menschen mit subtilen Techniken gegen ihren Willen manipuliert werden. Sobald jemand Angst hat und sich von einem Therapeuten das Gehirn waschen lässt, um wieder glücklich zu sein, ist das völlig in Ordnung. Auch wenn jemand ein Problem hat und ein Verkäufer die ideale Lösung anbieten kann, dann ist das fantastisch. Nehmen Sie sich jedoch vor Menschen in Acht, die glauben, dass ihre Meinung oder Ideologie alternativlos sei. Schnell wird einem suggeriert, dass man nicht gut ist, wenn man anders denkt. Man erfährt Androhung von Erpressung, Liebesentzug oder Kündigung. Das ist psychische Gewalt und aus meiner Sicht eine verwerfliche Form der Gehirnwäsche.

Sprache

Eines der bekanntesten und wirkungsvollsten Manipulationsinstrumente ist die Sprache. Wir können damit andere beeinflussen, sind aber auch selbst von anderen beeinflussbar.

Stellen Sie sich einmal vor, Sie sind auf einem politischen Kongress mitten im Wahlkampf. Nacheinander kommen Mitglieder der unterschiedlichen Parteien auf die Bühne, um die Zuhörer und Zuhörerinnen zu überzeugen. In diesem Moment funktioniert sehr viel über die Sprache. Es wird bewertet, was die Personen sagen und vor allem auch, wie sie es sagen. Die Redner werden daher zahlreiche hypnotische und rhetorische Techniken anwenden, um Wählerstimmen zu bekommen. Sie möchten das Denken und Verhalten des Publikums beeinflussen. Das kann in vielerlei Form geschehen. Vielleicht verwenden sie Zitate, bestimmte Suggestionen, Geschichten, verbale Angriffe oder Metaphern. Doch warum funktioniert das?

Das liegt vor allem daran, dass wir Menschen Wahrnehmungskanäle haben. Wir können hören, fühlen, sehen, riechen und schmecken. Diese Kanäle können real, aber auch konstruktiv angesteuert werden. Das bedeutet, wir können die Augen aufmachen und tatsächlich etwas sehen, wir können aber auch die Augen schließen und uns vorstellen, dass wir etwas sehen. Für das Gehirn gibt es in der Verarbeitung keinen Unterschied. Und das ist auch das Gefährliche daran. Sobald jemand in Botschaften, Visionen und Geschichten spricht, während andere sich das im Geiste vorstellen, wirkt es für das Gehirn real. Dann gibt es für viele Menschen nur noch zwei Interpretationsformen. Entweder glauben wir, dass unser Gegenüber lügt, oder wir finden es wundervoll und genießen es, als wäre es bereits umgesetzt. Es fällt zunehmend schwer, im Bewusstsein so klar zu bleiben, dass man von diesem Gedankensog nicht mitgerissen wird.

Wussten Sie eigentlich, dass man allein durch die Wortwahl Menschen bereits in eine ganz bestimmte Richtung bewegen kann? Das liegt daran, dass wir mit jedem Wort neuronal eine Emotion verknüpft haben. Die Worte, die verwendet werden, entscheiden somit darüber, wie sich andere fühlen. Machen Sie doch mal den Selbsttest und spüren bei den folgenden Sätzen in sich hinein, ob Sie einen Unterschied wahrnehmen.

Mir geht es gut. – Mir geht es fantastisch.
Ich werde von meinem Partner geliebt. – Ich werde von meinem Partner angebetet.
Das macht mich fröhlich. – Das macht mich euphorisch.
Das Haus ist schön. Das Haus ist phänomenal.
In Deiner Nähe fühle ich mich stark. – In Deiner Nähe fühle ich mich unbesiegbar.
Beim Lernen bin ich oft angespannt. – Beim Lernen bin ich oft frustriert.
Wenn ich beleidigt werde, kann ich sehr leidenschaftlich werden. – Wenn ich beleidigt werde, kann ich sehr aggressiv werden.
Wir haben den Mitarbeiter freigestellt. – Wir haben den Mitarbeiter rausgeschmissen.
Das war unachtsam. – Das war respektlos.

Konnten Sie jeweils einen Unterschied wahrnehmen?

Und genauso werden Sie staunen, wenn Sie Nachrichten, Zeitungsartikel oder Werbetexte lesen. Überall sind gezielt Worte verwendet worden, die ganz bestimmte Emotionen transportieren sollen. Doch es geht tatsächlich noch viel weiter. Sie wissen mittlerweile, dass die Sprache das Tor zur inneren Erlebniswelt sein kann. Genau das passiert zum Beispiel auch bei einer Hypnose. Es geht dabei nicht um Zauberei, wie es manchmal in den Medien dargestellt wird. Es handelt sich auch nicht um einen Zustand, in dem man tief schläft oder weg ist. Menschen, die sich in einem hypnotischen Zustand befinden, sind absolut aufmerksam, fokussiert, entspannt und wach. Das Fantastische dabei ist, dass man seine Aufmerksamkeit ganz gezielt auf sich und seine innere Erlebniswelt richten kann. Störende und kritische Gedanken können ausgeblendet werden. Dafür braucht es keinen Liegesessel, kein Pendel und auch keine geschlossenen Augen. Durch die Hypnose hat man die Möglichkeit, direkt mit dem Unterbewusstsein zu kommunizieren und darin Veränderungen vorzunehmen. Damit das gelingt, werden die sogenannten hypnotischen Sprachmuster verwendet. Dabei unterscheidet man zwei Arten. Zum einen die direkten Befehle und zum anderen die verschwommene Sprache, welche noch einige weitere Abwandlungen hat.
Im Folgenden gebe ich Ihnen einige Beispiele:

1. Direkte Befehle:

„Sie sind nun ganz entspannt und locker."
„Sie können jetzt spüren, wie sich die Veränderung in Ihr Unterbewusstsein einbrennt."
„Sie können die Aufgabe jetzt wunderbar erledigen."

Sobald ein Vertrauen zwischen den Gesprächspartnern besteht, können direkte Befehle sehr gut funktionieren. Fühlt man sich jedoch bevormundet, im freien Willen beeinflusst oder gar manipuliert, tun Menschen gerne genau das Gegenteil. Hat man jedoch ein gutes Verhältnis zu seinem Chef, seinen Eltern oder anderen Menschen, sind direkte Befehle ein sehr wirksames Mittel.

2. Verschwommene Sprache:

Mit der verschwommenen Sprache kann man wunderbar andere Menschen in eine Trance führen und ihnen dann beeinflussende Botschaften übermitteln. Folgende Möglichkeiten können Sie verwenden:

Worte mit fehlender Bezugsgröße

Um eine sanfte Wirkung zu produzieren, ist es hilfreich, keine feste Bezugsgröße zu verwenden.

„Sie können dieses Buch **noch viel besser** verstehen, wenn Sie sich das Hörbuch dazu kaufen."

Die Begrifflichkeit „noch viel besser" ist etwas schwammig, da man keinen Vergleich hat. Besser als was? Wie gut wird es denn wirklich? Dennoch vermittelt dieser Satz ein sanftes Gefühl. In diesem Moment wird der Empfänger dieser Botschaft unbewusst getriggert und füllt die fehlende Information automatisch auf. Man selbst bemerkt das oft gar nicht.

Tilgungen

Tilgungen sind Sätze oder Aussagen, denen man nicht wiedersprechen kann und die gleichzeitig eine beeinflussende Botschaft enthalten. Möchte man beispielsweise das Gefühl von Glück suggerieren, könnte man folgende Sätze formulieren:

„Der Moment des Glücks fühlt sich an, als würde man von einer langen Reise nach Hause kommen."

„Glück ist ein wundervoll angenehmes Gefühl."
„Glücklich zu sein motiviert, noch mehr Glück zu produzieren."

Mit solchen Formulierungen bringen Sie Ihren Gesprächspartner dazu, sich auf das genannte Gefühl zu fokussieren.

Hier noch ein paar weitere Beispiele:
„Es fühlt sich so leicht an, wenn es nicht mehr ist."
„Wenn alle Probleme beseitigt sind, hat man auf einmal wieder einen freien Kopf."
„Motivation fühlt sich absolut vitalisierend an."
„Alles, was man nicht mehr braucht, hat im eigenen Leben keine Verwendung mehr."
„Durch das Ergebnis am Ende, sieht man, was man tatsächlich geschafft hat."

Nominalisierungen

Einen besonders wirkungsvollen Effekt haben Nominalisierungen. Dadurch, dass man Verben oder Adjektive in Nomen verwandelt, bekommen sie eine gefühlte Lebendigkeit. Selbst allgemeingültige Aussagen haben den Effekt, dass die Zuhörer sich automatisch an eigene Erfahrungen und Erlebnisse erinnern. Sie können fast nur ihre Zustimmung geben und folgen der dahinterstehenden Botschaft.

Einige Beispiele für Nominalisierungen:
einfach – Die Einfachheit
schwer – die Schwere
anders – die Andersartigkeit
interessiert – das Interesse
hunger haben – der Hunger
verändern – die Veränderung
transformieren – die Transformation
geduldig – die Geduld
wahrnehmen – die Wahrnehmung

„Ich liebe die Einfachheit im Leben."
„Ich spüre die Schwere auf meinen Schultern."
„Wenn Du Deine Andersartigkeit auslebst, kannst Du Erfolg haben."
„Das Interesse an dem Projekt ist mir besonders wichtig."
„Der Hunger treibt die Menschen nachts zum Kühlschrank."
„Die Veränderung beginnt mit einer Entscheidung."
„Die Transformation hat mir das wahre Lebensglück gezeigt."
„Ich habe mich in Geduld geübt."
„Es ist meine Wahrnehmung."

Verzerrungen

Verzerrungen verwendet man, wenn man Dinge miteinander in Verbindung bringen möchte, die eigentlich nichts miteinander zu tun haben. Das nennt man in der Fachsprache eine Pseudokausalität, mit der man ein bestimmtes Verhalten erwirken möchte.

Beispiele:
„Mit jedem Gedanken entspannt sich dein Nacken immer mehr."
„Wenn Sie sich auf Ihr Herz fokussieren, können Sie spüren, wie Sie immer ruhiger werden."

Tatsächlich gibt es keinen realen Zusammenhang zwischen den Gedanken und der Entspannung im Nacken. Auch der Fokus auf das Herz hat nichts damit zu tun, ob man ruhiger wird oder nicht. Dennoch entfalten solche Verzerrungen ihre Wirkung.

Generalisierungen

Der Effekt einer Generalisierung ist der einer Nominalisierung sehr ähnlich. Zusätzlich gibt es jedoch eine sehr starke Verallgemeinerung, sodass der Gesprächspartner nicht genau weiß, was eigentlich gemeint ist und diese Lücke durch sein Unterbewusstsein selbst füllt.

Beispiele:
„Sie können sich jetzt vollkommen auf Ihre Arbeit konzentrieren."
„Sie können jetzt wahrnehmen, welche Lösungen Ihnen Ihr Unterbewusstsein zeigt."
„Vielleicht kennen Sie auch das Gefühl, wenn man etwas Schönes erlebt hat."
„Es wäre nicht sonderbar, wenn Sie sich an eine Situation erinnern, in der es Ihnen mal ganz besonders gut ging."
„Es kann sein, dass Sie wahrnehmen, wie Sie sich gerade fühlen."

Gedankenlesen

Wer hatte nicht schon mal den Wunsch, Gedanken lesen zu können? Es gibt jedoch tatsächlich ein Sprachmuster, mit dem man den Anschein erwecken kann, dass man diese Fähigkeit besitzt. Dafür müssen Sie nichts weiter tun als ganz allgemeine Aussagen zu treffen, die aller Wahrscheinlichkeit nach wahr sind.

Beispiele:
„Ich weiß ganz genau, dass Sie ganz tief in Ihrem Herzen den Wunsch haben, glücklich zu sein."
„Ich bin überzeugt davon, dass Sie sich auch manchmal die Frage stellen, wie es wohl wäre, wenn Sie sich damals anders entschieden hätten."
„Immer wenn ich mit Ihnen spreche, werden Sie spüren, welche Wirkung ich auf Sie habe."

Auch wenn solche Sätze sehr simpel und allgemein klingen, sorgen sie für ein gewisses Vertrauen. Das liegt daran, dass der Zuhörer immer ein inneres „Ja" denkt. Somit wird die Bereitschaft erhöht, auch andere Aussagen für wahr zu halten oder anzunehmen. Es ist somit eine fantastische Möglichkeit, seinen Gesprächspartner zu deutlich komplexeren Gedanken und Entscheidungen zu bewegen.

Suggestionen in Frageform

Bei suggestiven Fragen hat man kaum eine Möglichkeit zu entkommen. Entweder man wird mitgerissen oder man muss sich ganz klar abgrenzen. Das menschliche Gehirn ist so ausgelegt, dass es auf sämtliche Fragen eine Antwort sucht, selbst wenn man das gar nicht möchte.

Beispiele:
„Erinnern Sie sich noch an Ihren ersten Kuss?"
„Wann haben Sie sich das letzte Mal etwas Großes gekauft?"
„Haben Sie schon abends im Bett gelegen und konnten einfach nicht einschlafen? Wie war das für Sie?"

Negative Suggestionen

Manchmal spürt man in Gesprächen, dass sich beim Gesprächspartner Widerstände bemerkbar machen. Mit Suggestionen, die negativ formuliert sind, können Sie solche Gesprächsblockaden auflösen. Sie nehmen damit den Wind aus den Segeln und erhalten eine gute Möglichkeit, dass man Ihnen trotzdem weiter folgt. Selbst wenn Sie das Gegenteil sagen.

Beispiele:
„Sie müssen das jetzt nicht tun, wenn Sie absolut dagegen sind."
„Wenn es Ihnen lieber ist, dann müssen Sie meinen Vorschlag nicht annehmen."
„Sollte Ihnen meine einfache Lösung zu kompliziert sein, müssen Sie sich nicht dafür entscheiden."

Manipulation in der jüngsten Geschichte

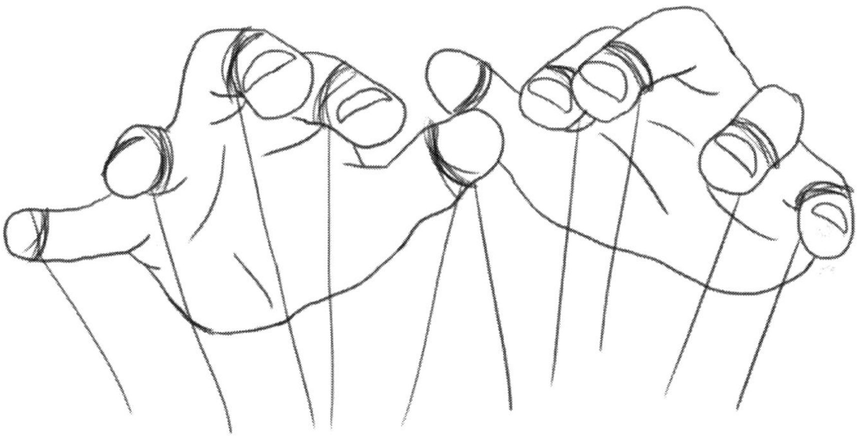

Propaganda

Wie Sie bereits wissen, hat Manipulation zwei Seiten. Man kann Menschen zu etwas Positivem bewegen und beeinflussen, aber auch zu negativen Verhaltensweisen. Auch wenn die meisten heute lebenden Menschen den zweiten Weltkrieg nur noch aus den Geschichtsbüchern kennen, ist das ein wissenswertes Beispiel für eine schlimme Massenmanipulation. Wenn öffentliche Meinungen geformt werden, um politisch in eine Richtung zu zielen, nennt man das Propaganda. Und genau das ist damals geschehen.

Damit wir uns diesem Thema nähern können, möchte ich Sie direkt etwas fragen: Waren Sie schon einmal auf einer großen Veranstaltung? Einem Konzert, einem Festival, Fußballspiel oder einer Comedyshow? Wie haben Sie sich dort gefühlt? War es das gleiche Gefühl, als wenn Sie auf dem Sofa mit einer Tüte Chips in den Fernseher geschaut hätten? Vermutlich nicht. Denn wenn viele gleichgesinnte Menschen aufeinander treffen, passiert etwas ganz Besonderes. Es entsteht ein Massenbewusstsein. Man fühlt sich verbunden, ist in Euphorie, fühlt sich stärker und mächtiger. Den meisten Menschen ist das gar nicht bewusst, dass sie von der Masse emotional getragen werden. Wenn alle Menschen klatschen, eine Laola-Welle machen oder laut mitsingen, dann tun wir das in der Regel auch. Das liegt daran, dass es unheimlich viel Kraft kosten würde, sich gegen die Massenenergie zu stellen. Manchmal sieht man vereinzelte Menschen auf den Rängen, die mit verschränkten Armen dort sitzen und sich nicht beteiligen. Oftmals sind diese schlecht gelaunt und meiden den erneuten Besuch einer solchen Veranstaltung. Es sind aber nur wenige. Die meisten schwingen einfach mit.

Vergleichen Sie nun ein solches Erlebnis mit dem, was Menschen während des Zweiten Weltkrieges erlebt haben, werden Sie feststellen, dass es die gleichen Mechanismen waren. Adolf Hitler hat auf großen Bühnen zum Volk gesprochen. Aus heutiger Sicht ist das einfach unvorstellbar. Ganz gleich, welche Richtung er auch einschlug, die Masse war ausgelassen, fühlte sich stark und wurde zu einer Einheit geformt. Viele Gemeinsamkeiten wie Flaggen, Ausrufe, Gesten und Symbole auf den Kleidungen stärkten den gemeinsamen Gedanken. Das Volk stand geschlossen hinter Adolf Hitler. Wer nicht mitzog, wurde ausgegrenzt, gequält oder erschossen. Aus den Filmen, Geschichtsbüchern und Erzählungen wissen wir alle, wie schrecklich es tatsächlich gewesen sein muss.

Was glauben Sie? Ist eine solche Diktatur heute noch möglich? Ist es denkbar, dass man Menschen nochmal so manipulieren und in eine Richtung bewegen könnte? Die meisten würden diese Frage mit „nein" beantworten. Tatsächlich sind wir heute viel aufgeklärter, haben die Geschichte als Warnhinweis, können Bücher darüber lesen und im Internet recherchieren. Auch wenn ich mir so etwas niemals wünschen würde, bin ich der Meinung, dass es sich theoretisch wiederholen könnte. Das liegt ganz einfach daran, dass wir Menschen uns gegen bestimmte Mechanismen gar nicht wehren können. Vor einigen Jahren habe ich den Film „Die Welle" mit Jürgen Vogel gesehen. Er war dort Lehrer und führte ein Experiment mit seiner Schulklasse durch. Damit zeigte er, wie autokratische faschistoide Systeme aufgebaut werden. Die Schülerinnen und Schüler waren gelangweilt von den theoretischen Inhalten und behaupteten, dass eine solche Massenmanipulation heute gar nicht mehr möglich sei. Daraufhin entschloss sich der Lehrer, ein Rollenspiel daraus zu machen, um etwas mehr Dynamik in die Inhalte zu bringen. Er begann mit einigen Regeländerungen. Es durften nur noch kurze und knappe Antworten gegeben werden, er ließ die Klasse im Gleichschritt marschieren, prägte Botschaften wie „Macht durch Disziplin" und „Macht durch Handeln". Dieses Projekt wurde so beliebt, dass weitere Schüler aus anderen Klassen sich anschlossen. Sie gaben dem Ganzen den Namen „Die Welle". Spannend war zu beobachten, dass frühere Außenseiter sich auf einmal zu begeisterten Anhängern entwickelten und Führungsrollen übernahmen. An einem Tag führte der Lehrer eine Vollversammlung durch. Er machte ordentlich Stimmung gegen einen Schüler, der sich nicht richtig verhalten hatte und ordnete an, dass man diesen auf die Bühne bringen sollte. Und genau das taten sie auch. Der Lehrer fragte dann: „Wieso habt ihr das getan? Wieso habt ihr den Schüler auf die Bühne gebracht?" Einer antwortete: „Weil Sie es angeordnet haben." Dies war der Punkt, an dem der Lehrer dieses Projekt für beendet erklärte. Dabei betonte er, dass, wenn es weitergeführt würde, sicherlich einige zu Schaden kämen. Aus seiner Sicht war eine Wiederholung der Geschichte also doch möglich, selbst wenn man gut aufgeklärt sei. Was mich persönlich am meisten bewegt hat, waren die Schlussszenen. Viele Schüler wollten das Ende des Projektes nicht akzeptieren und weitermachen. Daraufhin zog einer eine Waffe und schoss einen anderen Schüler an. Er rief: „Die Welle lebt!" Als der Lehrer versuchte, den Schüler zu beruhigen, erschoss sich dieser selbst.

Die Schüler waren traumatisiert und der Lehrer wurde von der Polizei abgeführt.

Was ich zu diesem Zeitpunkt noch nicht wusste, sondern erst später erfuhr: Dieser Film beruhte auf einem realen Experiment in Kalifornien. Bereits 1981 wurde der Roman „Die Welle" in den deutschsprachigen Ländern zur Schullektüre.

Sollten Sie sich für dieses Thema interessieren, kann ich Ihnen den Film wärmstens empfehlen. Er macht die Geschehnisse erlebbar und erfahrbar. Natürlich müssen Sie an dieser Stelle keine Angst haben. Wir leben in einer Gesellschaft, in der die Strukturen mittlerweile so gut aufgebaut sind, dass sich so etwas nur sehr unwahrscheinlich wiederholen wird. Mir war es nur wichtig, Ihnen zu zeigen, dass Menschen sich oft nur schwer gegen gewisse psychologische oder manipulative Mechanismen wehren können. In diesem Buch zeige ich Ihnen jedoch, wie es Ihnen trotzdem gelingt.

Lassen Sie uns aber noch etwas weiter in die Mittel der Propaganda hineinschauen. Im Folgenden möchte ich Ihnen fünf Wege aufzeigen, die diese Massenmanipulation damals ermöglicht hat.

1. Zeitungen und Zeitschriften

Im Jahr 1923 erschien die Zeitschrift „Völkische Beobachter". Damit wurde ein Medium der NSDAP entwickelt, um sich an das Volk zu richten. Viele Nationalsozialisten hatten dadurch eine Plattform, in der sie Artikel veröffentlichen konnten, um ihre Ideen und Meinungen der Masse zugänglich zu machen. Im gleichen Jahr wurde die Zeitschrift „Der Stürmer" herausgegeben. Die Inhalte waren noch etwas deutlicher und härter. Wöchentlich wurden bis zu einer Million Exemplare verkauft.

Der NSDAP gelang es im Laufe der Jahre, einen Marktanteil von über 80 Prozent zu erreichen. Das lag unter anderem daran, dass zahlreiche Zeitungen und Zeitschriften verboten wurden. Man hat per Gesetz die Pressefreiheit aufgehoben und somit blieben von 4700 Zeitungen nicht mal mehr 1000 übrig. Und diese waren schließlich gleichgeschaltet.

2. Rundfunk

Als wichtigstes Mittel zur Propaganda galt der Rundfunk. Adolf Hitler ließ einen Radioapparat in Masse produzieren. Er nannte ihn „Volksempfänger 301". Selbst wenn Menschen verschuldet waren, konnten Gerichtsvollzieher dieses Gerät nicht pfänden. Daran erkennt man die Wichtigkeit dieses Gerätes für die Propaganda. Zudem war es Pflicht, die Ansprachen von Hitler zu hören. Es gab sogar Helfer, die das kontrollierten. So brachte Hitler die Menschen dazu, weniger über ihre privaten Sorgen nachzudenken. Sie erlangten einen stärkeren Willen, den Zweiten Weltkrieg durchzuhalten. Dies gelang vor allem durch strategische Falschmeldungen.

3. Kino

Im dritten Reich gab es viele Kinos. Ein perfektes Medium, um die Propaganda voranzutreiben. Vor einem Film lief 20 Minuten lang die Wochenschau. Jede Folge musste vor der Ausstrahlung freigegeben werden, damit auch nur die Informationen ausgesendet wurden, die politisch hilfreich waren.

4. Massenkundgebungen

Damals hat man den Menschen vermittelt, dass das Individuum nicht wichtig sei. Die Nationalsozialisten taten alles dafür, dass der Glaube an die Volksgemeinschaft fest in den Köpfen verankert wurde. Dafür gab es regelmäßige Feiern, Umzüge, Aufmärsche und Massenkundgebungen.

Dort wurden keine Unterschiede gemacht zwischen ärmeren und reicheren Menschen. Es galt die Gemeinschaft. Diese Veranstaltungen waren perfekt geeignet, um politische Reden zu halten und die Propaganda voranzutreiben.

5. Zensur von Kunst, Literatur und Musik

Wie in den Zeitungen und im Rundfunk galt eine strenge Zensur auch in den Bereichen der Kunst, Literatur und Musik. Wer etwas veröffentlichen wollte, konnte das nur, wenn er zur Reichskulturkammer gehörte. Es war Pflicht, dass die nationalsozialistische Ideologie durch die Werke zum Vorschein kam. Andernfalls gab es keine Freigabe. In den künstlerischen Bereichen wurden Kriegshelden verherrlicht, Volks- und Marschmusik waren erlaubt und auch Literatur sowie Theateraufführungen wurden inhaltlich überwacht.

Nur durch diese Regeln, Gesetze und Verbote war es den Nationalsozialisten möglich, sich so lange an der Macht zu halten.

Kalter Krieg

Wer glaubt, nach dem Zweiten Weltkrieg wäre alles vorbei gewesen, liegt damit falsch. Denn von 1945 bis 1991 gab es den sogenannten „Kalten Krieg“, einen Kampf zwischen Ost und West. In dieser Zeit ging es sehr viel um Macht, die mit Nuklearwaffen zur Schau gestellt wurde. Henry Alfred Kissinger ist ein ehemaliger Außenminister der USA. Er sagte einmal: „Nuklearwaffen der USA sind nur dann etwas wert, wenn wir bereit sind, sie zu benutzen.“ Dies war ein ganz klares Signal, das Angst und Schrecken symbolisieren sollte. Sowohl die UdSSR als auch die USA wollten als Atommacht gelten. Damit wollten sie andere Länder in Lateinamerika, Europa, Afrika und Asien einschüchtern und zur Zusammenarbeit bewegen. Denn wer die größten und stärksten Waffen hat, kann schließlich auch für die beste Sicherheit sorgen. Es war eine

Sprache der Macht, die sich über Jahrzehnte hinzog. Für die Menschen war es unkalkulierbar, was als Nächstes geschehen würde, wodurch auch das Vertrauen sank. Als Michail Gorbatschow 1985 Generalsekretär der Kommunistischen Partei in der Sowjetunion wurde, veränderte sich einiges. Er verhandelte mit dem damaligen US-Präsidenten Ronald Regan und leitete somit eine schrittweise Abrüstung ein. Im Jahre 1989 gewann Lech Walesa in Polen die Wahlen. Im gleichen Jahr wurde die Mauer zur DDR zerstört. Nur zwei Jahre später erklärte Gorbatschow seinen Rücktritt, womit die Republiken der UdSSR ihre Unabhängigkeit aussprachen und der Kalte Krieg beendet wurde.

Auch in diesem Beispiel sehen wir, wie Menschen über viele Jahrzehnte handeln können und andere manipulativ in ihren Bann ziehen. Ganz gleich, wo wir hinschauen, es geht immer um Macht und Einfluss. Genauso ist es auch im Kleinen. Immer dann, wenn wir manipuliert werden oder jemanden selbst manipulieren, geht es um eine Form von Macht. Manches ist sinnvoll, vieles aber auch nicht.

Teil II – Suggestive Manipulationstechniken

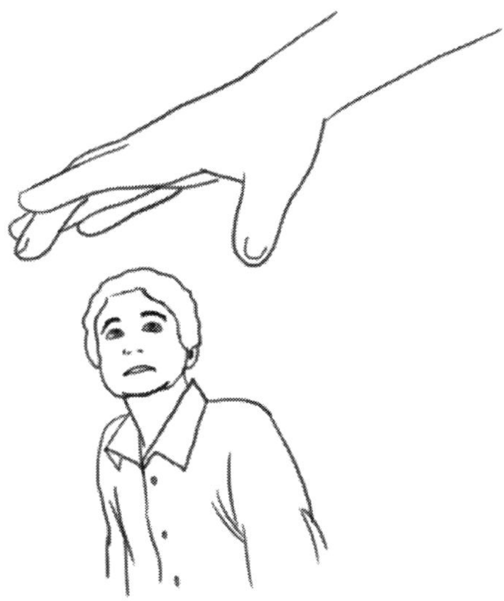

In diesem zweiten Teil des Buches möchte ich Ihnen einige Manipulationstechniken vorstellen, mit denen es Ihnen gelingen kann, andere Menschen von sich und Ihrer Meinung zu überzeugen. Zudem können Sie mit diesem Wissen genau erkennen, wenn man versucht, Sie zu manipulieren.

Manipulieren durch Lügen

Mal ganz ehrlich. Haben Sie schon einmal gelogen? Lügen empfinden die meisten Menschen als betrügerisches oder manipulatives Vorgehen. Viele behaupten, dass sie ehrlich sind und lügen bereits mit dieser Aussage. Robert S. Feldmann ist Professor für Psychologie an der University of Massachusetts. Seit über einem Vierteljahrhundert erforschte er Lügen in alltäglichen Situationen. Seiner Erkenntnis nach lügen Menschen innerhalb eines Gespräches von zehn Minuten mindestens einmal.

Vielleicht kennen Sie die folgende Redewendung: „Lügen haben kurze Beine“. Oder Sie erinnern sich an die Nase von Pinoccio. Es gibt jedoch wissenschaftlich fundierte Merkmale, wie man Lügner erkennen kann. Manchmal sieht man es an der Körpersprache. Lügner fassen sich oft an die Nase, ins Gesicht oder an den Hals. Gern erklären sie auch mehr als notwendig, während ehrliche Menschen einfach zu ihren Aussagen stehen und sich nicht erklären müssen. Ebenso zeigen sich Lügen oftmals darin, dass eine Person sich ganz anders verhält als sonst. Zurückhaltende Menschen werden auf einmal offensiv, leise werden laut und langsam Redende sprechen deutlich schneller. Natürlich sollte man diese Anzeichen nicht überbewerten und jemanden deshalb nicht direkt als Lügner betiteln. Sobald man etwas nicht versteht oder es für kurios hält, kann man schließlich nachfragen. Doch was können Sie noch tun, um mit Lügen souverän umzugehen?

1. Bleiben Sie stets gelassen

Oftmals steckt hinter einem unehrlichen Verhalten ein emotionaler Grund. Die wenigsten lügen einfach nur so. Vielleicht ist ihnen etwas peinlich, unangenehm oder es steckt eine Überraschung dahinter. Sehen Sie über Kleinigkeiten hinweg. Manchmal liegt es einfach an einem schlechten Selbstvertrauen oder dem Wunsch geliebt zu werden.

2. Setzen Sie Grenzen

Tatsächlich gibt es aber auch Menschen, die mit ihrer Unehrlichkeit anderen Schaden zufügen. Auch hier können Sie durchaus gelassen bleiben. Dennoch ist es zusätzlich sinnvoll, klare Grenzen zu setzen. Sprechen Sie darüber, wie viel Ihnen die Beziehung bedeutet und dass Ehrlichkeit Ihnen besonders wichtig ist. Werden Sie keinesfalls wütend oder aggressiv. Das führt nur dazu, dass Ihr Gesprächspartner trotzig wird.

3. Bieten Sie selbst keine Angriffsfläche

Wenn Sie Ehrlichkeit von anderen Menschen erwarten, ist es ratsam, mit gutem Beispiel voranzugehen. Sollten Sie bei sich bemerken, dass auch Sie manchmal lügen, dann gewöhnen Sie sich das ab. Nichts ist peinlicher, als wenn man einem unehrlichen Menschen ein Ultimatum stellt und selbst nicht ehrlich ist.

4. Ziehen Sie die Konsequenzen

Auch wenn Sie ein gutes Vorbild sind, gelassen bleiben und klare Grenzen setzen, gibt es wenige Menschen, die weiterhin lügen. Manche tun es aus Boshaftigkeit, weil sie kein Einfühlungsvermögen haben oder weil sie ihre eigenen Gewohnheiten nicht durchbrechen können. Manche fühlen sich einfach machtlos und klein, wenn sie ehrlich sind.

Verschweigen

Sehr interessant ist auch die Technik des Verschweigens. Dabei behält man wesentliche Informationen zurück, damit andere Menschen in eine bestimmte Richtung denken. Oberflächlich betrachtet handelt es sich dabei nicht um eine ausgesprochene Lüge. Jedoch entsteht der Glaube an eine Unwahrheit im Kopf derjenigen, die eine Informationslücke haben.

Beispiel 1:
Zwei Brüder streiten sich auf dem Spielplatz. Der Kleinere haut, tritt und beleidigt den Größeren. Dieser bleibt zunächst gelassen. Doch irgendwann platzt auch ihm der Kragen und er schubst seinen jüngeren Bruder. Dieser fällt weich in den Sand, fängt aber ganz laut an zu schreien und läuft nach Hause. Dort erzählt er völlig aufgelöst: „Er hat mich einfach geschubst. Der ist fies zu mir."

Die Eltern könnten jetzt denken, dass der Größere der Übeltäter sei. Viele tun das in so einem Moment tatsächlich. Fragen Sie jedoch immer genau nach, was passiert ist oder was die Hintergründe sind, bevor Sie ein Urteil aussprechen oder sich möglicherweise falsch entscheiden.

Beispiel 2:
Bei einem Unternehmer klingelt das Telefon mit einer unbekannten Nummer. Er nimmt nicht ab und legt das Handy zur Seite. Zehn Minuten später erhält er eine Sprachnachricht: „Hallo, hier ist der Daniel von der Firma Müller. Sie haben doch damals bei uns die Stühle für Ihre Mitarbeiter gekauft. Und nun wollte ich mich einfach mal freundlich bei Ihnen erkundigen, ob die Geschäfte bei Ihnen gut laufen, und ob Sie mit den Stühlen über die letzten zwei Jahre zufrieden waren. Sie waren sicherlich gerade beschäftigt, daher würde ich es morgen einfach nochmal versuchen, zu Ihnen durchzukommen. Beste Grüße und einen schönen Tag noch."

In diesem Beispiel ist es vielleicht etwas offensichtlicher. Vermutlich will sich der liebe Daniel nicht nur erkundigen, sondern weitere Büroausstattungen verkaufen. Somit verschweigt er den wahren Grund seines Anrufes. Gerade im Verkauf wird sehr häufig ein Vorwand gesucht, um mit jemandem in ein Gespräch zu kommen. Das muss grundsätzlich nicht schlimm sein. Wenn Sie das jedoch nicht möchten, sprechen Sie es klar an oder setzen eine Grenze, so wie in den folgenden zwei Beispielen:

Der Unternehmer ruft zurück: „Hallo lieber Daniel. Sie hatten versucht mich zu erreichen. Das ist ja ganz nett, dass Sie sich melden. Eine Sache vorweg. Ich bin jemand, mit dem man sehr offen und direkt sprechen kann. Wenn Sie mir neue Produkte Ihrer Firma zeigen möchten oder den Bedarf bei uns abprüfen wollen, können Sie das sofort und direkt ansprechen. Passt das für Sie?"

Der Unternehmer schreibt eine Textnachricht: „Hey Daniel, vielen Dank für Deine Sprachnachricht und Dein Interesse, wie es bei uns läuft. Es ist alles prima. Die Geschäfte laufen gut und die Stühle sind auch noch 1A. Ich bitte um Verständnis, dass ich aktuell recht fokussiert an unseren Projekten beteiligt bin. Nichts gegen Dich, aber solche Gespräche sind gerade sehr unpassend und störend. Ich verbleibe gerne so mit Dir, dass ich mich melde, sofern es für mich passt. Danke für Dein Verständnis, dass weitere Nachrichten unbeantwortet bleiben. Danke Dir und einen angenehmen Tag. Beste Grüße."

Verführen und Zwang

Bereits in den Abschnitten der Propaganda und des Kalten Krieges haben Sie viel über Manipulation unter Verführung und Zwang entnehmen können. Nun wollen wir uns diesen Mechanismus einmal genauer ansehen. Der Grundtenor vom Zwang ist: „Funktioniere, wie ich das möchte und dann passiert dir nichts.“ Bei der Verführung heißt es: „Tue alles, wie ich es möchte, dann bist du ein fantastischer Mensch.“ Beim Zwang ist es so, dass man sich direkt manipuliert und schlecht fühlt. Bei der Verführung hingegen verliert man den Bezug zur Realität und es kann sich stellenweise richtig gut anfühlen.

Beispiel zum Zwang:
Charlotte war sehr unglücklich in der Beziehung mit Marcel. Am liebsten hätte sie sich trennen wollen. Doch Marcel hatte etwas gegen seine Freundin in der Hand. Er kannte ihre tiefsten Geheimnisse und wusste, dass diese im Falle ihrer Trennung ans Tageslicht kommen würden. Zudem verdiente er das Geld. Eine eigene Wohnung hätte sie sich gar nicht leisten können. Sie fühlte sich in der Zwickmühle und dazu gezwungen, weiterhin mit ihm auskommen zu müssen.

Beispiel zur Verführung:
Manuel war Vertriebsleiter in einem mittelständischen Unternehmen. Sein Chef teilte ihm mit, dass er mal ein ganz Großer in dieser Firma werden könne, mit ordentlichem Gehalt, Firmenwagen und viel Anerkennung. Dafür müsse er aber bereit sein, mehr zu tun als alle anderen. Manuel gab sein Bestes, machte viele Überstunden, verzichtete auf seine geliebten Hobbies und vernachlässigte seine Freunde. Im ersten Jahr bekam er viel Anerkennung, im zweiten einen Firmenwagen und im dritten Jahr eine kleine Gehaltsaufbesserung. Doch irgendwie hatte er dennoch das Gefühl, dass er viel mehr geleistet hatte, als er tatsächlich dafür bekam. Schließlich gab es für die Überstunden kein Geld und damit hatte er auf die Zeit betrachtet einen deutlich schlechteren Stundenlohn als alle anderen, die pünktlich kamen und wieder gingen. Doch der Chef konnte ihn mit folgenden Worten beruhigen: „Wenn man wirklich etwas Großes erreichen will, muss man auch bereit sein, Großes zu leisten. Deine Ergebnisse werden immer besser. Du bist auf einem guten Weg. Wenn Du so weitermachst, kann ich Dir im nächsten Jahr noch eine Prämie auszahlen." Und so arbeitete Manuel von Jahr zu Jahr jeweils auf seine neuen Ziele hin.

Zwang und Verführung abzuwehren ist gar nicht so einfach. Es ist oft mit einem großen Verlust verbunden. Doch hier sollte man sich die Frage stellen, was einem wirklich wichtiger ist. Dann muss eben ein Geheimnis ans Tageslicht kommen oder der Chef im Falle von Manuel ein Ultimatum erhalten. Idealerweise versuchen Sie im Vorfeld eine solche Angriffsfläche nicht zu bieten.

Manipulieren durch Angst

Auch beim Zwang oder der Verführung kann Angst entstehen, sobald man sich gegen die Manipulatoren stellen möchte. Aber auch in sämtlichen anderen Situationen können Ängste das logische Denken lahmlegen. Dieser Zustand kann zum Beispiel sehr schnell eintreten, wenn einem die möglichen negativen Folgen des eigenen Verhaltens bewusst gemacht werden. Oftmals wird auch mit Zeitdruck gearbeitet.

> *Beispiele:*
> „Frau Schmidt, wir sehen jetzt an Ihrem Blutbild die Auswirkungen der letzten Jahre. Wenn Sie so weitermachen, kann ich Ihnen im nächsten Jahr vielleicht gar kein Blut mehr abnehmen. Sie sollten nun wirklich Ihr Verhalten ändern."
>
> „Herr Müller, wunderbar, dass Sie sich für diesen schönen Mietwagen entschieden haben. Sie sollten aber unbedingt noch eine Vollkaskoversicherung dazu nehmen. Wenn Sie gleich hier rausfahren und es einen Crash gibt, dann haften Sie komplett selbst. Für nur 100 Euro mehr übernimmt es die Versicherung. Und seien wir mal ehrlich. Wie schnell kann so etwas passieren! Sie müssen nur eine Kleinigkeit falsch machen und dann kommen hohe Kosten auf Sie zu. Zudem fährt es sich auch deutlich angenehmer, wenn man nicht ständig daran denkt, dass etwas mit dem Auto passieren könnte und es dann sehr teuer wird. Oder?"

„Liebe Bürgerinnen und Bürger. In diesem Jahr hat es in unserer Stadt mehr Straftaten gegeben als in den fünf Jahren davor. Ich habe mit den Betroffenen gesprochen. Wissen Sie, wie es sich anfühlt, wenn einem die Handtasche mit Bargeld und den Papieren entwendet wird? Oder wenn man abends durch die Gassen geht und an jeder Ecke jemand lauern könnte, der einen lebensgefährlich verletzt? Denken Sie mal daran, was wäre, wenn Ihnen, Ihren Verwandten oder Ihren Kindern auf dem Schulweg etwas zustoßen würde. Unvorstellbar, aber leider in der aktuellen Situation möglich. Wir werden das aber nicht zulassen und deswegen werden wir hundert Millionen Euro in Kameras investieren. Die stellen wir überall auf. In wenigen Wochen werden wir bereits die Stadt sein mit der geringsten Kriminalität im ganzen Land."

Sicherlich kann es sinnvoll sein, sein Verhalten zu ändern, eine Vollkaskoversicherung abzuschließen oder die totale Kameraüberwachung lieben zu lernen. Doch unter normalen Umständen, ohne Angst, würden die meisten Menschen anders entscheiden. Wir wägen immer ab zwischen dem größeren und kleineren Übel oder dem größeren und kleineren Vorteil. Daher wird Angst oftmals als Technik eingesetzt. Man fühlt sich so, als wären die Bilder, die man in den Kopf eingepflanzt bekommt, bereits real. Dabei sind es oft nur abstrakte Horrorszenarien. Versuchen Sie in solchen Situationen rational an die Sache heranzugehen. Setzen Sie Grenzen, informieren Sie sich über die wahren Sachverhalte oder fragen Sie explizit nach.

„Lieber Herr Dr., vielen Dank für Ihre dramatische Einschätzung. Mir wäre es ganz lieb, wenn Sie mich so weiterbehandeln, als würde ich noch länger als nur ein Jahr leben. Können wir uns darauf einigen?"

„Super, dass Sie solche Versicherungen anbieten. Haben Sie eine Statistik, wie oft solche dramatischen Unfälle mit Mietwagen passieren? Seit Ihrer Eröffnung im letzten Jahr stehen auf Ihrem Hof die gleichen Autos. Wie ich finde, sehen die alle noch sehr gut aus. Trauen Sie Ihren Kunden doch ruhig mehr zu."

„Herr Bürgermeister, ich finde es super, dass Sie sich so für unsere Sicherheit einsetzen. Es gab in den letzten fünf Jahren im Schnitt 22 nennenswerte Straftaten. Dieses Jahr waren es 25. Können Sie tatsächlich davon ausgehen, dass ein solch hohes Invest in die Kameratechnik die Zahlen so stark verbessern wird? Oder werden Verbrecher dann raffinierter und tragen Masken? Wenn Sie ein Budget von einhundert Millionen Euro haben, lassen Sie uns doch mal gemeinsam über Alternativen sprechen, die einen noch besseren Effekt erzielen und die Datenschutz- und Freiheitsrechte nicht zu sehr einschränken. Vielleicht bleibt dann sogar Geld übrig."

Manipulieren durch Lob

Als Unternehmer und frühere Führungskraft habe ich gelernt, dass man seine Mitarbeiter viel loben soll. Dadurch bleiben sie motiviert und erzielen bessere Ergebnisse. Doch ist das nicht bereits Manipulation? Die Antwortet lautet: „Ja und Nein". Wenn ein Lob wirklich ernst gemeint ist und aus vollem Herzen kommt, dann hat es in der Regel keinen manipulativen Charakter. Verbindet man jedoch damit die Erwartung, daraus einen Vorteil zu ziehen, ist es höchst manipulativ. Zu viel Lob kann zum Beispiel in Unternehmen zu einer höheren Burnout-Rate führen.

Beispiele:
Tagelang hat sich Gerd darüber geärgert, dass seine 9-jährige Tochter ihre Schuhe nicht putzt, wenn sie schmutzig sind. Als sie es endlich geschafft hat, sagt er zu ihr: „Hey Sophie, sehr schön, dass Deine Schuhe heute so glänzen. Das sieht richtig ordentlich aus." In Wirklichkeit sagt er das nur, damit sie weiterhin ihre Schuhe putzt.

Herr Schmidt lädt seine Mitarbeiterin Frau Beer zu einem Gespräch in sein Büro ein. Er sagt zu ihr: „Frau Beer, Sie haben in den letzten Wochen wirklich sehr viel für uns getan. Sie waren früher da und sind später gegangen als alle anderen. Ich dachte mir, es wäre an der Zeit, Ihnen dafür persönlich zu danken." Frau Beer fühlt sich geschmeichelt und gewertschätzt. Herr Schmidt fährt fort: „Sie haben unter erschwerten Bedingungen eine enorme Belastbarkeit bewiesen. Ich habe mir daher etwas überlegt. Sie sind jetzt zwei Jahre bei uns und sind noch nicht in den Genuss von Weiterbildungen gekommen, weil Sie immer zur Stelle waren. Ich würde Ihnen gern ein zweiwöchiges Seminar mit anschließender Ausbildereignungsprüfung ermöglichen. Sie haben so viele Qualitäten und davon können auch andere in unserem Unternehmen profitieren. Sie könnten neue Mitarbeiter ausbilden und andere schulen. Was denken Sie darüber?" In Wirklichkeit hat Herr Schmidt eine Möglichkeit gesehen, die ihm mehr nutzt als seiner Mitarbeiterin. Somit hat er ihr Honig um den Mund geschmiert, um sie davon zu überzeugen, sich noch mehr einzusetzen, als sie es ohnehin bereits tut.

Vielleicht spüren Sie auch manchmal, dass man Sie nur lobt, damit Sie weiterhin etwas tun, wovon andere profitieren. Schützen Sie sich, indem Sie sich emotional unabhängig von der Meinung und dem Lob anderer machen. Loben Sie sich selbst. Es ist der eigene Selbstwert, den Sie dadurch anheben.

Manipulieren durch eine angenehme Atmosphäre

Kennen Sie das, wenn Sie an einem angenehmen Ort sind und durch das Wohlgefühl manche Entscheidungen deutlich einfacher fallen? Genau darum geht es bei dieser Manipulationstechnik. Viele Verhandlungen finden deshalb nicht in einem Büro oder Konferenzraum statt. Man geht fein essen oder trifft sich in einem schönen Hotel oder auf einer Feier. Manche Chefs laden einzelne Mitarbeiter zu sich nach Hause ein, machen ein paar Häppchen und sprechen über die Firma. Orte, die weniger neutral sind und eine schöne Atmosphäre bieten, eignen sich wunderbar, um andere Menschen in eine bestimmte Richtung zu lenken. Doch auch hier kann die Gefahr lauern, dass sich jemand nur einen Vorteil verschaffen möchte.

Beispiel:

Ein Seminarveranstalter hat sein Konzept verändert. Bisher gab es einfache Räumlichkeiten, ein paar Getränke und etwas Fingerfood zu den Veranstaltungen. Etwa 5 – 10 Prozent der Teilnehmer buchten zum Schluss ein Folgeseminar. Mittlerweile wählt man exklusivere und edlere Räume aus. Es gibt mehr Auswahl an Getränken, ein inkludiertes Mittagessen und hochwertige Workbooks. Zwischen den einzelnen Lernblöcken wird laute Musik gespielt, während ein Fitnessanimateur die Teilnehmer motiviert, sich zu bewegen und Spaß zu haben. Am Ende gibt es noch zwei Bücher und eine CD geschenkt. Seitdem der Veranstalter das neue Konzept verfolgt, melden sich zwischen 30 und 40 Prozent der Anwesenden für das nächste Seminar an.

Vielleicht kennen Sie auch solche Veranstaltungen, in denen man Ihnen ein tolles Erlebnis ermöglicht und Sie dadurch offener werden, weitere Buchungen durchzuführen. Moralisch gesehen gibt es mehrere Denkansätze. Man kann dies für eine unverschämte Manipulation halten oder für einen Motivationsschub, sich noch mehr weiterzubilden. Solange der Nutzen stimmt und die versprochenen Ergebnisse eintreffen, ist daran sicherlich nichts auszusetzen. Dennoch wird man umso mehr mitgerissen, je angenehmer die Atmosphäre ist. Wenn Sie sich in solchen Situationen nicht manipulieren lassen möchten, dann ist es wichtig, dass Sie sich vorher schon überlegen, welche Entscheidungen Sie treffen wollen und wo Sie Ihre Grenzen setzen. Machen Sie sich bewusst, dass Gefühle und Emotionen durch die schöne Umgebung beeinflusst werden und bleiben Sie bei Ihrem Vorhaben.

Manipulation durch Emotionen

Wir Menschen reagieren sehr stark auf Emotionen. Auf den Bereich der Manipulation trifft das gleichermaßen zu. Vielleicht kennen Sie das auch. Sie versuchen jemanden zur Vernunft zu bringen und sämtliche sachlichen Argumente bringen nichts. Begibt man sich jedoch auf die Gefühlsebene, bekommt man oftmals doch einen Zugang. Das liegt daran, dass Emotionen den rationalen Verstand in den Hintergrund rücken. So können Manipulatoren beispielsweise die Kritikfähigkeit von anderen Menschen ausschalten, indem sie deren wunde Gefühlspunkte antriggern.

Jemand, der grundsätzlich nicht an eine Hilfsorganisation spenden möchte, tut es möglicherweise doch, wenn er traurige Fotos und Videoszenen gezeigt bekommt. In Verkaufsgesprächen können Horrorszenarien manchmal zum Kauf bewegen, obwohl schon eine Absage erteilt wurde. Gefühle haben eine magische Wirkung. Wussten Sie beispielsweise, dass das Selbstbewusstsein sinkt, wenn man Schuldgefühle hat? Viele wissen das und nutzen es eiskalt aus. Sie kennen die wunden Punkte und manipulieren so ihre Gesprächspartner.

Beispiel:
Natascha ist 27 und ganz zufrieden in ihrem neuen Job. Sie ist grundsätzlich eine hochmotivierte Laborassistentin und stets bemüht sich weiterzubilden und weiterzuentwickeln. Ihre Chefin Frau Koll ist nicht nur in ihrem Fachgebiet exzellent, sondern weiß auch genau, wie sie andere Menschen um den Finger wickelt. An einem Freitag spricht sie Natascha darauf an, dass bei der letzten Testanalyse das Protokoll nicht richtig eingescannt wurde und appelliert an sie, sorgfältig zu arbeiten. Natascha ist das sichtlich peinlich. Frau Koll sagt: „Korrigiere es einfach und achte in Zukunft darauf. Übrigens, wir haben noch eine Lieferung bekommen, bei der ebenfalls Prüfungen gemacht werden müssen. Es ist zwar Freitag und Sie haben eigentlich gleich Feierabend, aber könnten Sie das dennoch übernehmen?“

Frau Koll geht hier also ganz geschickt vor. Sie senkt das Selbstbewusstsein von Natascha, um sicherzugehen, dass sie keine Abfuhr von ihr bekommt. Dazu hält sie ihr einen Fehler vor, der Schuldgefühle auslöst. Weil Natascha es unbewusst wieder gut machen will, sagt sie zu. Eine perfekt gelungene Manipulation.

Und genau so funktionieren Emotionen in allen möglichen Bereichen. Dem können Sie nur entgegenwirken, wenn Sie dieses Muster genau erkennen und sich nicht von Ihren Gefühlen leiten lassen.

Relationen von Zahlen abändern

Manche Menschen sind besonders auf Zahlen, Daten und Fakten fokussiert. Sie geben uns eine Orientierung und erleichtern in vielen Bereichen das Leben. Wir wissen, dass 3 x 3 gleich 9 ist, das Jahr 12 Monate hat und man beim Tempolimit von 50 km/h nicht 70 fahren sollte. Zahlen geben somit einen Aufschluss über Sachverhalte und können auch Grenzen setzen. Was viele jedoch nicht berücksichtigen, ist, dass sie auch Emotionen verursachen.

Kennen Sie die Redewendung: „Traue keiner Statistik, die Du nicht selbst gefälscht hast"? Tatsächlich muss man nicht einmal etwas fälschen, sondern einfach nur die Relation zueinander verändern oder wesentliche Angaben nicht machen.

Klingt es nicht dramatisch, wenn man hört, dass 2020 fast 50.000 Menschen mehr als im Durchschnitt der fünf Jahre davor verstorben sind? Oder klingt es nicht besorgniserregend, wenn man hört, dass während der Corona-Pandemie das Gesundheitssystem mehrfach überlastet war? Solche Informationen bekommen wir tagtäglich. Doch was ist tatsächlich dran an diesen Aussagen? 2020 hatten wir beispielsweise eine Million mehr Menschen im Alter über 82 als noch 2015. Das bedeutet, dass eine höhere Sterblichkeit ganz natürlich ist. Die Intensivbetten der Krankenhäuser waren zu keiner Zeit ausgelastet. Die erkrankten Menschen konnten nach wie vor versorgt werden. Die einzige Problematik herrschte in den Gesundheitsämtern, die mit der Verwaltung der Daten überfordert waren.

Wenn man Zahlen, Daten oder Fakten in falsche Relationen setzt, können diese Angst und Panik verbreiten. Faktisch ist es richtig, dass 50.000

Menschen mehr gestorben sind und Teile des Gesundheitssystems überlastet waren. Doch so wie es formuliert wurde, ist die Wahrscheinlichkeit extrem hoch, dass diese Angaben falsch interpretiert werden.

Damit Sie nicht Opfer solcher Manipulation werden, hinterfragen Sie die wahren Gründe und setzen Sie Zahlen immer in die richtige Relation.

AIDA

Woran denken Sie, wenn Sie „AIDA“ hören? Dabei geht es nicht um das Kreuzfahrtschiff, was viele dahinter vermuten würden. Es geht um eine Formel, die aus dem Bereich Marketing und Werbung kommt. Diese wird sehr häufig genutzt, um Menschen von etwas zu überzeugen oder auch neue Kunden zu gewinnen. Diese Vorgehensweise hat sich sehr bewährt, da sie eine sehr geschickte psychologische Abfolge hat und nacheinander bestimmte Emotionen auslöst, die schließlich zu einer Handlung führen sollen. Die einzelnen Buchstaben stehen jeweils für die einzelnen Schritte dieser Formel.

A = Attention – Aufmerksamkeit

Um Menschen für sich oder die eigenen Produkte zu begeistern, braucht man erstmal Zuhörer oder Zuschauer. Dafür ist es wichtig, die Aufmerksamkeit auf sich zu lenken. Das kann auf vielerlei Wegen geschehen. Man kann etwas Lustiges machen, eine clevere Frage stellen, ein Zitat bringen, aber auch einen erwähnenswerten Nutzen kommunizieren.

> *Beispiel:*
> „Was hat eine Banane mit diesem Buch über Manipulation zu tun? Ganz einfach, liebes Publikum. Eine Banane ist krumm und genauso krumme Dinger drehen tagtäglich andere Menschen, um Sie zu manipulieren. Das hört nun auf.“

I = Interest – Interesse

Sobald man die Aufmerksamkeit der Menschen hat, geht es darum, Interesse zu wecken und den Nutzen klar zu machen.

> *Beispiel:*
> „Ich zeige Ihnen in diesem Buch, wie Sie jede Form der Manipulation erkennen und dieser mit einer angenehmen Souveränität entgegensteuern können. Sie laufen nie wieder Gefahr, dass man Sie über den Tisch zieht oder andere Sie unehrlich behandeln."

D = Desire – Wunsch

Wurde das Interesse geweckt, muss der Wunsch aktiviert werden, etwas haben zu wollen. Das kann mit Hilfe positiver Vorausschau geschehen, die dem Kunden aufzeigt, wie sich das Leben zum Besseren verändert, welche Gefahren abgewendet werden oder vielleicht auch durch eine Verknappung des Angebots.

> *Beispiel:*
> „Sie laufen nie wieder Gefahr, dass man Sie über den Tisch zieht oder andere Sie unehrlich behandeln. Sie werden selbst ein Meister oder eine Meisterin der Manipulation. Stellen Sie sich mal vor, Sie kaufen jetzt gleich dieses Buch hier. Sie fahren nach Hause, lesen es und alles in Ihrem Leben verändert sich. Der Chef bekommt souverän seine Grenzen aufgezeigt, Ihre Beziehungen verbessern sich, die Kinder gehorchen besser und Sie verdienen sogar mehr Geld, weil Sie unfaire Verhandlungen unterbinden können und die Argumente auf den Tisch legen, die wirklich zählen. Was würde sich dadurch noch alles in Ihrem Leben verändern?"

A = Action – Aktion

Alleine durch die Aufmerksamkeit, das Interesse und den Wunsch tritt noch keine Handlung in Kraft. Die meisten Menschen sind es gewohnt, Anweisungen zu erhalten, die sie zu befolgen haben. Und genau deshalb ist dieser Punkt so entscheidend. Es braucht eine klare Handlungsaufforderung.

> *Beispiel:*
> „Wenn Sie das alles jetzt mal betrachten und tief in sich hineinspüren, ist es dann nicht so, dass ein Preis von 16,90 Euro eigentlich ein Geschenk ist? Holen Sie sich jetzt Ihr persönliches Exemplar und zeigen der Welt, dass Sie nicht mehr manipulierbar sind!"

Der Timesharing-Trick

Time-Sharing ist eigentlich eine besondere Form der Vermietung von Immobilien, Ferienwohnungen oder Ferienhäusern. Man erkauft sich das Recht, für einen definierten Zeitraum im Jahr eine Ferienunterkunft nutzen zu können. Die Zeiträume können dabei variieren. Von einem Jahr bis über mehrere Jahrzehnte. Dementsprechend wird auch der Preis kalkuliert. So können schon mal mehrere 10.000 Euro fällig werden. Nun geht es aber bei dem Time-Sharing-Trick nicht um den Verkauf selbst, sondern um einen bestimmten Trick, den sämtliche Verkäufer in dieser Branche bis zur Perfektion antrainiert bekommen. Sie sprechen niemals in Negationen. **Bestimmte Worte fallen demnach komplett aus ihrem Wortschatz:**

- Nein
- Nicht
- Nichts
- Nie
- Niemals
- Unmöglich
- Minus
- Niemand
- Nirgendwo
- Nirgends
- Kein, keiner, keine

Keines dieser Worte darf in einem Gespräch mit Kunden vorkommen. Dafür ist es erforderlich, dies zu trainieren. Erst, wenn es den Verkäufern gelingt, dürfen sie Kundenkontakt haben. Interessant dabei ist, dass es auch schwierige Fragen der Kunden geben kann, die man mit diesem

Kommunikationstrick nur schwer lösen kann. Doch dann sagen die Verkäufer einfach: „Ihre Frage beantworte ich gleich noch." Dabei gehen sie davon aus, dass sich später keiner mehr erinnern kann, was in der Regel auch gut funktioniert.

Machen Sie doch mal selbst ein Experiment und verwenden nur noch positive Worte. Sie werden bemerken, dass sich Ihr Umfeld Ihnen gegenüber ganz anders verhalten wird. Sie wirken dadurch viel sympathischer, alles erscheint möglich und interessanterweise sprechen auch die Kunden dann deutlich positiver. Sie stellen weniger kritische Fragen und entwickeln ein inneres „Ja" im Kopf. Das fördert natürlich die Entscheidung für eine Buchung.

Wenn Sie nicht in die Fänge einer solchen Manipulationsstrategie kommen möchten, ist es wichtig, dass Sie die Augen und Ohren offen halten, damit Sie bewusst merken, was gerade passiert.

Angreifen

Eine weitere Form der Manipulation ist das bewusste Angreifen. Doch was soll das bringen? Ganz einfach. Stellen Sie sich mal ein Businessmeeting mit einem Geschäftspartner vor. Sie haben ein ganz tolles Angebot und Ihr Gegenüber scheint auch interessiert zu sein. Das Gespräch läuft super und wertschätzend. Doch irgendwann kippt es. Der Ton wird streng, man macht Ihnen Vorwürfe zu vergangenen Projekten und wird möglicherweise auch persönlich. Es wirkt wie eine Attacke. Ist man darauf nicht vorbereitet, kann man selbst schnell die Fassung verlieren sowie die Kontrolle über das Gespräch. Und genau das ist das Ziel des Manipulators. Er möchte bewusst Ihre Position in dieser Verhandlung schwächen.

Es können Sätze sein wie:

- Sie sind ja noch sehr frisch in diesem Geschäft, daher kann ich mir nicht vorstellen, dass Sie das wirklich umsetzen können.
- In den letzten Projekten haben Sie wirklich schlecht abgeliefert. Das wird ja vermutlich so weitergehen.
- Wie fühlt sich das eigentlich an, wenn man überall die Klinken putzen muss, um monatlich über die Runden zu kommen?
- Mir ist Ehrlichkeit besonders wichtig. Bei Ihnen habe ich eher das Gefühl, dass Sie in jedem zweiten Satz lügen, um mich zur Unterschrift zu bewegen.
- Ihnen ist scheinbar jedes Mittel recht, um Kunden zu bekommen. Läuft es bei Ihnen so schlecht?
- Ich arbeite nur mit Profis. Sie sind definitiv keiner.

Diese unfaire Manipulationstaktik kann sehr gefährlich werden. Damit Sie auch in solchen Momenten souverän bleiben können, sollten Sie sich selbstverständlich wehren, jedoch dabei ruhig und gelassen bleiben. Entlarven Sie den Täter, und zwar so, dass Ihre ursprünglichen Ziele dabei nicht gefährdet werden.

Sagen Sie z. B.:

- Ich verstehe nicht, worauf Sie hinaus möchten.
- Wir müssen nicht ausfallend werden.
- Wenn Ihnen konkret etwas auf der Seele liegt, bin ich bereit, sachlich mit Ihnen darüber zu sprechen.
- Was halten Sie davon, wenn wir das Gespräch auf dem Niveau von vorhin fortführen?

Ausweichen/Ablenken

Stellen Sie sich nochmal die Situation einer Verhandlung vor, wie in dem letzten Beispiel. Diesmal ist es jedoch so, dass Ihr Geschäftspartner Sie nicht attackiert, sondern Ihnen ganz aufmerksam zuhört. Er zeigt Interesse und lässt Sie reden. Sie präsentieren und argumentieren. Alles scheint zu passen. Doch nachdem Sie mit Ihren Ausführungen fertig sind, beginnt die Gegenseite von einem völlig anderen Thema zu sprechen.

Beispiele:

- Vielen Dank. Das war wirklich eine tolle Präsentation. Ich würde jedoch jetzt gerne zunächst über Thema XY sprechen.
- Sehr überzeugend. Bevor wir an der Stelle weitermachen, sollten wir noch einen anderen Gesichtspunkt diskutieren.

Bei dieser Technik geht es also darum, vom Wesentlichen abzulenken und dem Gesprächspartner auszuweichen. Wenn Sie feststellen, dass jemand so mit Ihnen umgeht, dann führen Sie ihn wieder zurück.

z. B. so:

- Super, lassen Sie uns gerne gleich über das Thema XY sprechen. Zunächst würde mich jedoch interessieren, ob wir in der Angelegenheit meiner Präsentation nun zusammenkommen. Es wäre mir sehr daran gelegen.

Manipulieren durch „Schnee von gestern“

Kennen Sie die Redewendung: „Das ist Schnee von gestern“? Wenn jemand so etwas sagt, kann er natürlich grundsätzlich recht haben. Es wäre aber auch möglich, dass er Sie an der Nase herumführen möchte. Dabei handelt es sich auch um eine Form des Ausweichens oder der Ablenkung. Der angesprochene Sachverhalt wird taktisch abgewertet, da Ihr Gesprächspartner möglicherweise kein Interesse hat, sich mit Ihren Ausführungen zu beschäftigen. Somit wischt er Ihre Ideen oder Vorschläge einfach vom Tisch.

Beispiele:

- Das ist Schnee von gestern.
- Nett. Aber wir sind schon einige Schritte weiter.
- Ich möchte jetzt nicht wieder über alte Kamellen reden.
- Es wäre schön, wenn wir nicht immer die bereits abgeschlossenen Dinge wieder auf den Tisch holen würden.

Hier können Sie entgegenwirken, indem Sie Ihre Position nochmal verstärken und verdeutlichen, dass es sich sehr wohl um ein aktuelles Thema handelt.

z. B. so:

- Es mag für Sie längst abgeschlossen sein. Tatsächlich haben wir jedoch noch einige offene Punkte. Und bevor es nachher eskaliert, würde ich Sie bitten, diesen Punkt nicht vom Tisch zu wischen.

Manipulieren durch Provozieren

Um die Verhandlungsposition von anderen zu schwächen, muss es nicht immer ein direkter Angriff sein. Es kann Situationen geben, in denen man einfach unterschwellig provoziert wird. Dies soll bewirken, seine Gesprächspartner aus der Fassung zu bringen.

Beispiele:

- Nur Fliegen ist schöner.
- Jetzt erzählen Sie aber Märchen.
- Was Sie nicht alles sagen.
- Das glauben Sie ja wohl selbst nicht.
- Ich würde lieber über etwas sprechen, was auch wirklich funktioniert.
- Nette Idee, aber wir brauchen etwas Umsetzbares.

Lassen Sie sich in solchen Situationen nicht provozieren. Überhören Sie solche Sätze, verniedlichen sie oder sprechen Sie Ihren Gesprächspartner direkt drauf an.

z. B. so:

- Wenn wir es genauso umsetzen, könnte es sein, dass Ihnen wirklich Flügel wachsen.
- Bei vielen Innovationen haben Menschen vorher geglaubt, es sei ein Märchen gewesen. Heute ist es Realität.
- Es gibt viele Dinge, an die ich nicht glaube. Ich glaube aber daran, dass wir erfolgreich sein werden, wenn wir diesen Weg gehen.
- Es ist nicht schlimm, wenn Sie meine Idee noch nicht für umsetzbar halten. Ich erkläre es Ihnen gerne nochmal.
- Wenn Sie auf diese Bemerkungen verzichten, erkläre ich es Ihnen gerne nochmal.
- Die meisten Projekte scheitern, wenn man innerhalb eines Teams lieber Sticheleien bevorzugt, als sachliche Argumente.

Manipulieren durch Zeit gewinnen

Viele Manipulatoren stellen sich auch regelrecht dumm, um Zeit zu gewinnen. Sie tun dann so, als seien Argumente oder Ausführungen unverständlich und stellen komplizierte Fragen. Auch wenn es sich dabei um eine sehr harmlose Technik handelt, ist es gut, diese zu erkennen und sich zu überlegen, wie Sie darauf reagieren möchten.

Beispiele:

- Entschuldigen Sie bitte. Ich habe das nicht ganz verstanden. Können Sie das nochmal anders erklären?
- Ich habe Sie akustisch nicht verstanden.
- Darf ich dazu nochmal eine Verständnisfrage stellen?
- Würden Sie mir das nochmal erklären?
- Ich konnte Ihnen noch nicht ganz folgen.
- Mir ist noch nicht ganz klar, worauf Sie hinauswollen.

Sollten Sie den Eindruck haben, dass jemand mit Ihnen auf Zeit spielen will, haben Sie mehrere Möglichkeiten. Sie können einfach drüber hinwegsehen und wiederholen, was Sie bereits gesagt haben, sprechen die Person direkt drauf an oder machen klar, dass Sie weiter fortfahren.

z. B. so:

- Ich denke nicht, dass wir die Zeit haben, alles unnötig mehrfach zu wiederholen.
- Ich würde es ungern weiter hinauszögern. Lassen Sie uns zur Entscheidung kommen.
- Es ist gar nicht so relevant, dass Sie alles im Detail verstehen müssen.
- Sie können nachher alles im Protokoll nachlesen.
- Es wird nicht besser, wenn Sie es weiter hinauszögern.

Teil III – Manipulieren mit neurolinguistischem Programmieren

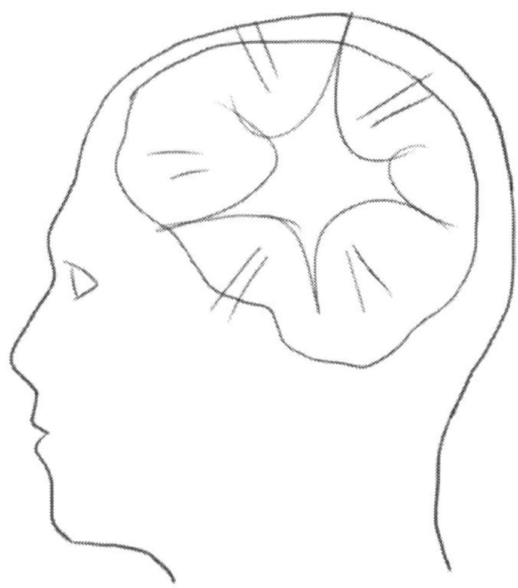

Vielleicht haben Sie schon mal vom Neurolinguistischen Programmieren oder abgekürzt dem NLP gehört. Es handelt sich dabei um eine Zusammenführung von unterschiedlichen Kommunikationstechniken, die bewusste und unbewusste Denk- und Gefühlsabläufe beim Menschen steuern und verändern können. In vielen Therapieformen wird das NLP zur Veränderungsarbeit eingesetzt, aber auch in der gezielten Persönlichkeitsentwicklung. Es geht darum, Vorgänge im Gehirn mittels der Sprache umzuprogrammieren. Im Folgenden möchte ich Ihnen die fünf wichtigsten Bausteine näherbringen. Denn genau diese werden sehr häufig von Manipulatoren verwendet.

Rapport

Wenn wir im NLP von Rapport sprechen, ist damit die Verbindung zwischen Menschen gemeint. Vielleicht kennen Sie die Redewendung: „Wir haben einen guten Draht zueinander." Und genau darum geht es. Je besser die Stimmung, Schwingung oder der Draht zwischen zwei Menschen ist, desto einfacher können beide sich gegenseitig beeinflussen. Je weniger Vertrauen oder emotionale Bindung andererseits vorhanden ist, desto schlechter funktioniert Manipulation. In Wirklichkeit handelt es sich beim Rapport weniger um eine Methode, sondern um einen Zustand.

Stellen Sie sich einen Patienten vor, der bei seiner Therapeutin sitzt. Je besser das Vertrauensverhältnis und die Sympathie zwischen beiden ist, desto erfolgreicher wird die Therapie sein. Und genau das versuchen auch Menschen, die andere manipulieren wollen. Sie stellen zunächst ein gutes Verhältnis her, zeigen sich in guter Stimmung und stimmen sich auf ihren Gesprächspartner ein. Das bedeutet selbstverständlich nicht, dass jeder, mit dem Sie sich gut verstehen, gleich Böses beabsichtigt. Doch ist es nicht verkehrt, achtsam zu beobachten, in welche Richtung sich das Gespräch entwickelt.

Spiegeln/Pacing

Wenn Sie gedanklich durch Ihr soziales Umfeld gehen und schauen, mit welchen Menschen Sie sich am besten verstehen, zu welchem Ergebnis kommen Sie dann? Ist es bei Ihnen wie bei den meisten anderen auch? Wenn ja, dann verstehen Sie sich wahrscheinlich besonders gut mit Menschen, die in bestimmten Bereichen ähnlich denken und fühlen wie Sie selbst. Denn bei solchen Menschen fühlt man sich am wohlsten. Man fühlt sich verstanden und wahrgenommen. Es ist schließlich einfacher, mit jemandem zu kommunizieren, der ein ähnliches Gedankengut hat und nachempfinden kann, wie es einem geht. Manchmal sind die Muster so subtil, dass wir sie gar nicht bemerken. Die meisten Menschen glauben, dass es an den übereinstimmenden sachlichen Argumenten oder Meinungen liegt. Das muss aber gar nicht der Fall sein.

Beim Pacing wird durch eine scheinbare Ähnlichkeit ebenfalls eine Sympathie hergestellt. Man spiegelt dafür einfach das Verhalten seines Gesprächspartners. Das kann auf unterschiedliche Weise geschehen.

Beispiele:

- Sitzverhalten
- Körperhaltung
- Gestik
- Mimik
- Atmung
- Sprechweise
- Tonfall
- Lautstärke
- Sprechgeschwindigkeit
- Kleidungsstil

Beim Pacing wird der Gesprächspartner selbstverständlich nicht auffällig nachgeäfft, sondern es werden nur immer mal wieder einzelne Muster gespiegelt. Oft geschieht das sogar vollkommen automatisch. Beobachten Sie sich einmal, wenn Sie mit einem guten Freund zusammensitzen. Man nähert sich im Verhalten automatisch an. Das liegt an den sogenannten Spiegelneuronen im Gehirn. Das lässt sich aber genauso gut bewusst steuern. Man kann mit fast jeder Person diese Sympathie aufbauen. Starten Sie selbst den Versuch und spiegeln bewusst einen Ihrer nächsten Gesprächspartner. Und achten Sie dabei darauf, wie er sich dann Ihnen gegenüber verhält. Ich bin überzeugt, dass Sie den Unterschied spüren werden.

Im nächsten Abschnitt, dem „Leading", erfahren Sie, warum das „Pacing" so wichtig und entscheidend im Bereich der Manipulation ist.

Leading

Übersetzen Sie das Wort Leading in die deutsche Sprache, bedeutet es „führen". Und genau darum geht es. Seine Gesprächspartner zu leiten, zu steuern und zu führen. Am einfachsten lassen sich Menschen in eine Richtung bewegen, zu denen man eine gute Verbindung, also einen guten Draht hat. Deswegen haben wir auch in den beiden vorherigen Abschnitten über den Rapport und das Pacing gesprochen. Denn durch das Spiegeln erreichen Sie genau diese Verbindung und den Draht zu anderen. Und das ist wiederum die Basis, um Menschen ideal führen zu können. Ich bin mir sicher, dass auch Sie sich weniger von jemandem in eine Richtung bewegen lassen wollen, den Sie überhaupt nicht mögen.

Wenn also jemand während eines Gespräches sein Gegenüber immer wieder spiegelt, kann er seine wirklichen Beweggründe in Form von Ideen und Sichtweisen mit einbauen. Das ist tatsächlich eine sehr subtile Form der Beeinflussung, funktioniert aber sehr zuverlässig.

Wie funktioniert das nun genau?

Der Manipulierende verändert die gespiegelten Elemente ein kleines Stück. Zum Beispiel durch schnelleres oder langsameres Sprechen, eine abgewandelte Gestik und Mimik, er verschärft den Tonfall etwas, setzt sich anders hin oder bringt ein neues Gesprächsthema ein. Dabei achtet er darauf, den Rapport, also Draht nicht zu unterbrechen. Dass es funktioniert, erkennen Sie daran, dass der Gesprächspartner ihm unbewusst folgen wird. Dieser beginnt nämlich dann selbst, sein Gegenüber zu spiegeln, ganz automatisch. Und genau das ist ein Zeichen dafür, dass man nun die Führungsrolle in diesem Gespräch übernommen hat. Und über diesen Weg ist es dann sehr einfach, die eigene Weltanschauung, Argumente oder Sichtweisen zu vertreten. Solange der Rapport nicht abreißt, erhält der Manipulator auch seinen Zuspruch, die notwendigen Unterschriften oder das, was er bezwecken wollte.

Möchten Sie sich gegen jemanden wehren, der versucht, Sie durch Pacing und Leading zu etwas zu bewegen, dann müssen Sie nichts weiter tun, als laufend den Rapport zu unterbrechen. Lenken Sie ab, unterbrechen Sie oder gehen einfach nicht auf die Signale ein. Das lässt sich umso besser steuern, je bewusster und achtsamer Sie in einem solchen Gespräch sind.

Ankern

Vielleicht erinnern Sie sich noch an den Abschnitt, in dem es um das Thema „Gehirnwäsche“ ging. Ich habe Ihnen von Iwan Pawlow und seinen Hunden berichtet. Und genau diesen Effekt der Konditionierung nennt man im NLP auch „ankern“. Es werden dabei Reize mit Reaktionen verknüpft. Genauso wie bei den Pawlowschen Hunden, die schließlich bereits beim Läuten der Glocke Speichel produzieren. Menschen lassen sich über das Ankern manipulieren. Theoretisch kann jeder Reiz mit jeder Reaktion verbunden werden.

Sie können das an sich selbst ausprobieren. Stellen Sie sich eine Situation vor, in der Sie sich richtig wohl gefühlt haben. Es muss etwas sein, an das Sie sich erinnern und das gleichzeitig dieses angenehme Wohlgefühl wieder aufsteigen lässt. Schließen Sie dabei die Augen. Sobald das Gefühl ganz intensiv spürbar ist, setzen Sie Ihren gewünschten Anker. Nehmen

Sie in diesem Fall mal das Fingerschnipsen. Wiederholen Sie den Vorgang solange, bis Sie automatisch beim Fingerschnipsen die Bilder von dem tollen Erlebnis wieder im Kopf haben und/oder das Gefühl wieder spüren. Manchmal reichen 3-5 Wiederholungen. Andere brauchen 10 oder mehr. Wenn Sie alles nach Anleitung gemacht haben, werden Sie den Effekt spüren können.

Über diesen Weg lassen sich alle möglichen Verbindungen herstellen. Sämtliche Gedanken, Gefühle, Emotionen und Verhaltensweisen lassen sich so ankern.

Doch wie kann man nun mittels eines Ankers manipuliert werden?

Dazu möchte ich Ihnen eine kleine Geschichte erzählen. Ein früherer guter Freund von mir hatte einen neuen Job in einem Call Center. Seine Aufgabe war es, Interessenten für ein bestimmtes Produkt anzurufen und mit ihnen einen Präsentationstermin zu vereinbaren. Er bemerkte jedoch in der ersten Woche, dass er jedes Mal Angst hatte, wenn er zum Hörer griff. Als er mich besuchte und mir davon erzählte, bat ich ihn, die Augen zu schließen und sich genau diese Situation vorzustellen. Er spürte schnell wieder, wie das Herzrasen begann und der Hals eng wurde. Nun sollte er den Gedanken kurz unterbrechen und sich an eine Situation erinnern, in der er absolut motiviert war. Als früherer Fußballer sah er sich jetzt beim Torschießen. Diese Erinnerung ließ ich ihn etwas genießen. Dann bat ich ihn, immer zwischen diesen beiden Szenen zu wechseln. Die Telefonszene für 3-4 Sekunden bis zum Aufsteigen des Angstgefühls und dann für 15-20 Sekunden die Fußballszene. Während er die Übung machte, bemerkte er, dass der Gedanke an das Telefonieren sich ebenfalls immer motivierender anfühlte. Nach einigen Wiederholungen gab ich ihm mein Telefon. Jetzt sollte er sich nur noch die Fußballszene vorstellen und – sobald die Gefühlsintensität sehr hoch war – immer zum Hörer greifen. Auch das wiederholten wir einige Male. Der ganze Prozess dauerte nicht länger als 35 Minuten und er hatte seitdem nie wieder

Angst vor Telefongesprächen. Ganz im Gegenteil. Er konnte es kaum erwarten, den nächsten Kunden anzurufen.

Bei diesem Erlebnis handelte es sich natürlich um eine sehr hilfreiche Manipulation. Jedoch hat nicht jeder Mensch wie ich etwas Gutes im Sinn. Daher ist es auch möglich, dass man auf negative Weise mit der Ankertechnik manipuliert wird. Achten Sie daher darauf, wenn man Sie auffordert, bestimmte Abläufe zu wiederholen. Machen Sie sich bewusst, dass es sich immer um einen Anker handeln kann. Fragen Sie sich dann, ob Sie einen Nutzen davon haben oder eher der andere.

Wenn wir beispielsweise noch einmal in die Zeit des Zweiten Weltkrieges schauen, dann erkennen wir, wie mit sämtlichen Ankern gearbeitet wurde. Das Heben des rechten Armes, Symbole, Marschmusik und auch bestimmte Ausrufe. All das waren gefährliche Programmierungen, gegen die sich die Menschen nicht wehren konnten. Schließlich wussten die meisten nicht, welche Wirkung das hatte.

Denken wir an die heutige Werbung, dann stellen wir auch dort fest, dass viel mit Ankern gearbeitet wird. Nicht umsonst werden in einem TV-Spot zunächst Gefühle und Emotionen erzeugt, während danach das Produkt und das Logo erscheint. Diese Verbindung setzt sich im Gehirn fest und das Unterbewusstsein glaubt irgendwann: „Wenn ich dieses Gefühl haben will, brauche ich dieses Produkt.“ Halten Sie also gerne Augen und Ohren verschlossen, wenn Sie das nicht möchten.

Kalibrieren

Sind Sie schon mal einem Menschen begegnet und hatten das Gefühl, dass dieser genau wusste, was in Ihnen vorging? Vielleicht war diese Person sehr gut im Kalibrieren. Doch was genau bedeutet dieser Begriff eigentlich?

Es geht beim Kalibrieren darum, bestimmte innere Zustände bei seinen Gesprächspartnern sicher einschätzen zu können. Damit Sie das leichter verstehen, möchte ich Ihnen eine geniale Übung vorschlagen. Sie benötigen dazu nur Ihr Smartphone. Schalten Sie die Selfiekamera ein und nehmen damit ein Video auf. Halten Sie das Gerät so vor sich, dass Ihr Gesicht gut zu sehen ist. Schließen Sie die Augen. Denken Sie nun an ein Erlebnis, bei dem Sie richtig angeekelt waren. Lassen Sie das Gefühl des Ekels aus der Erinnerung zu. Anschließend stellen Sie sich – immer noch mit geschlossenen Augen – eine Situation vor, in der Sie vollkommen verliebt waren, bis das Gefühl des Verliebtseins wieder spürbar ist. Danach können Sie die Augen öffnen und die Aufnahme stoppen. Schauen Sie sich im Anschluss das Video genau an und achten dabei auf Ihre Gesichtsausdrücke. Erkennen Sie einen Unterschied?

Und genau das tut man beim Kalibrieren. Man führt jemanden gedanklich in bestimmte Situationen oder spricht etwas an, das gezielt Gefühle hervorruft und beobachtet, wie diese Person darauf reagiert. In der Regel zeigt sich deren Normalverhalten. Und immer, wenn man dieses Verhalten im Laufe des weiteren Gesprächs wieder beobachten kann, weiß man auch, in welchem inneren Zustand sich die Person befindet. Das funktioniert sowohl mit sichtbaren Merkmalen wie Mimik oder Gestik, aber auch mit dem Sprechverhalten.

Es hat also nicht immer etwas mit Hellsehen zu tun, sondern viel mehr mit einer sehr guten Beobachtung. Wenn Sie das Kalibrieren selbst einsetzen, können Sie auch wunderbar Unwahrheiten entdecken. Sobald jemand von seinem ursprünglichen Normalverhalten abweicht, muss das noch kein Beweis sein, aber ein Indiz, dem Sie nachgehen können und sollten.

Das ist einer der Gründe, warum ich persönliche Gespräche oder Videocalls einem Telefonat immer vorziehe. Besonders bei Verhandlungen, wichtigen Entscheidungen oder neuen Geschäftspartnern nehme ich gerne die Beobachterrolle ein. Über ein Telefonat kann man sicherlich auch einiges heraushören. Doch der visuelle Kanal ist immer noch der stärkste. Die gleiche Vorgehensweise kann ich Ihnen auch nur wärmstens ans Herz legen.

Teil IV – Manipulieren mit dunkler Rhetorik

Definition Rhetorik / Dunkle Rhetorik

Aristoteles war einer der gelehrtesten Philosophen und Forscher im vierten Jahrhundert vor Christus. Bereits damals definierte er Rhetorik als „die Kunst Reden zu halten". Seine Lehren werden auch heute noch in sämtlichen Rhetorikkursen weitergegeben.

Für Aristoteles gab es bei der Redekunst drei wichtige Bereiche. Diese nannte er Ethos, Pathos und Logos.

Ethos: Autorität und Glaubwürdigkeit
Pathos: Übermittlung von Emotion an die Zuhörer
Logos: Argumente und Fakten

Er sah somit die Aufgabe der Rhetorik darin, seine Botschaften mit großer Glaubwürdigkeit, starker Begeisterung und stichhaltigen Argumenten zu übermitteln, damit die Zuhörer vollkommen überzeugt werden.

Nun ist es aber auch so, dass jede Medaille zwei Seiten hat. Wo Licht ist, ist auch Schatten. Gleiches erleben wir in der Rhetorik. Sie können jemandem etwas Gutes tun, fördern und die Welt zum Positiven verändern. Sie können aber auch ganz gezielt andere Menschen manipulieren, um den eigenen Vorteil aus einer Sache oder Angelegenheit zu ziehen. Das nennt man dunkle Rhetorik.

Wenn Sie beispielsweise während eines Gespräches von jemandem unterbrochen werden, haben Sie mehrere Möglichkeiten darauf zu reagieren. Sie können Ihren Gesprächspartner bitten, Sie nicht zu unterbrechen und weiterreden zu lassen. Sie können aber auch darüber hinwegsehen und sich unterordnen. Bei Variante 1 gewinnen Sie den Machtkampf, bei Variante 2 verlieren Sie ihn. Zumindest für den Moment.

Zusammengefasst lässt sich sagen, dass in der dunklen Rhetorik Menschen gezielt verunsichert, verwirrt, isoliert und manipuliert werden, damit man um jeden Preis seine Ziele erreicht.

Rhetorische Stilmittel

Im Folgenden möchte ich Ihnen nun einige der wichtigsten und wirksamsten rhetorischen Stilmittel an die Hand geben. Diese ermöglichen Ihnen zu erkennen, wenn jemand Sie an der Nase herumführen möchte. Zudem können Sie diese Stilmittel bei Bedarf selbst nutzen. Auch wenn ich kein Freund davon bin, andere Menschen mit dunkler Rhetorik zu etwas zu bewegen, kann es manchmal erforderlich sein, sie dennoch einzusetzen, um sich vor bösen Angriffen zu schützen. Es gibt nämlich Menschen, die leider keine andere Sprache verstehen.

Verunsicherung

Bei dieser Taktik wird versucht, den Gesprächspartner zu verunsichern. Das kann auf unterschiedlichen Wegen geschehen. Zum Beispiel durch eine dauerhaft kritische Haltung, durch viele Gegenfragen, missbilligende Körpersprache oder zahlreiche Gegenbeispiele.

Lassen Sie sich davon nicht aus Ihrem Konzept bringen. Wenn Sie bemerken, dass Ihr Gesprächspartner nicht an einer offenen Kommunikation interessiert ist, dann steigen Sie aus dem Spiel aus. Bleiben Sie freundlich, aber bestimmt und zeigen, dass Sie die Vorgehensweise durchschaut haben.

- Nennen Sie mir doch mal ein Argument, das Sie nicht in der Luft zerreißen würden.
- Sie finden aber auch zu allem Gegenbeispiele.
- Wenn man will, kann man alles zerreden. Sie zeigen uns gerade, wie das funktioniert.
- Ich mag kritische Menschen. Noch mehr mag ich Dialoge, die zu einem Ergebnis führen.

Unterbrechung

Es kann sehr verunsichernd sein, wenn man ständig unterbrochen wird. Es gibt Menschen, die gar nicht bemerken, dass sie laufend dazwischen sprechen. Andere hingegen machen es gezielt und bewusst.

Wenn Sie sich davon zu sehr beeindrucken lassen, wird Ihnen das immer wieder passieren. Grenzen Sie sich daher ab und weisen Ihren Gesprächspartner darauf hin, dass Sie nicht unterbrochen werden möchten.

- Darf ich weitermachen?
- Lassen Sie mich bitte den Satz zu Ende sprechen.
- Bleiben Sie bitte fair. Sie haben gleich genügend Zeit darauf zu antworten.
- Möchten Sie den Vortrag lieber weiterhalten?

Induktion

Anette ist Ernährungsberaterin und hilft Menschen dabei, ihre Körperfülle loszuwerden. An abendlichen Vorträgen zeigt sie interessierten Menschen immer wieder Vorher-Nachher-Bilder einer Dame, die mit ihrer Hilfe 40 kg in 12 Wochen abgenommen hat. Hiermit überzeugt sie andere Zuhörer von ihrer Beratung und gewinnt damit Kunden. Soweit ist daran erstmal nichts auszusetzen. Tatsächlich handelt es sich bei dieser Dame nur um einen Einzelfall. Die meisten erreichen ein solches Ergebnis nicht nur durch eine bloße Ernährungsumstellung oder Diät.

Genau diese Vorgehensweise verbirgt sich hinter der Induktion. Man nimmt ein herausstechendes Einzelbeispiel und gibt daraufhin eine Allgemeingültigkeit vor. Sollten Sie das Gefühl haben, dass man Sie über diesen Weg manipulieren möchte, bleiben Sie freundlich und stellen Fragen.

Zum Beispiel:

- Wie viele solcher Ergebnisse haben Sie denn bisher erreicht?
- Wie viele von 100 Personen schaffen denn solche Ergebnisse?
- Wie sicher ist es denn, dass anderen auch ein solcher Erfolg gelingt?
- Wie erklären Sie sich denn, dass die meisten behaupten, Diäten würden nicht funktionieren?
- Wie nachhaltig sind denn solche Ergebnisse?

Hauptsache – Nebensache

Ein Vertriebsmitarbeiter soll vor dem Vorstand eine Präsentation über die Umsatzzahlen des letzten Quartals halten. Dafür hat er 20 Minuten Zeit. Über eine Viertelstunde spricht er davon, welches Potential er mit seinem Team erarbeitet hat. Er berichtet, dass sie zahlreiche Akquisegespräche geführt haben und in den nächsten Wochen sehr wahrscheinlich hohe Umsätze einfahren werden. In einem Nebensatz erwähnt er, dass sie damit die etwas schwächeren Umsatzzahlen der letzten drei Monate deutlich ausgleichen werden.

In diesem Beispiel sollte der Vertriebsmitarbeiter eigentlich einen Bericht aus der Vergangenheit abliefern. Da das letzte Quartal nicht so gut war und es unangenehme Rückfragen hätte geben können, spricht er überwiegend über Zukunftspotentiale. Er macht die Hauptsache zur Nebensache und umgekehrt.

Sollten Sie bemerken, dass Sie jemand mit dieser Taktik an der Nase herumführen möchte, sollten Sie diese Person freundlich unterbrechen und sie bitten, zum eigentlichen Thema zu kommen.

Schweigen

Kennen Sie das? Sie sprechen mit jemandem und bekommen weder eine Reaktion noch eine Antwort, oder man wird Ihnen gegenüber lautstark und ignoriert Sie anschließend. Schweigen ist ein beliebtes Stilmittel in der Rhetorik, um Macht zu demonstrieren.

Ich war mal bei einem Businessmeeting und jemand hat zum Thema Marketing referiert. Es war wirklich ein gelungener Vortrag. Die Anwesenden waren begeistert und konnten viel für sich mitnehmen. Ein Teilnehmer schwieg jedoch. Er war Leiter einer großen Marketing-Agentur. Ich spürte, dass dies den Referenten sehr verunsicherte. In diesem Moment erlaubte ich mir, den schweigenden Mann anzusprechen. Ich fragte ihn: „Was denken Sie als Marketingspezialist über diese fantastischen Möglichkeiten?“ Sicherlich hätte ich in diesem Moment auch meinen Mund halten können, doch ich spürte, dass es eine reine Machtdemonstration war und es die positive Stimmung trübte.

Sollten Sie einmal in einer ähnlichen Situation sein, dann sprechen Sie die schweigende Person an. Stellen Sie Fragen, wie ich es gemacht habe oder zeigen Sie Ihr Erstaunen über die Zurückhaltung.

Autoritäten hinzuziehen

In vielen Vorträgen oder Präsentationen werden gerne Zitate von Menschen erwähnt und eingebaut, die bereits eine große Autorität besitzen. *Das sieht dann in der Regel so aus:*

- Albert Einstein hat bereits gesagt, …
- Dr. Fischer hat schon vor Jahren herausgefunden, …
- Was kann man schon dagegen sagen, wenn der Oberstaatssekretär es bereits genau erklärt hat?

Dadurch, dass man autoritäre Meinungen oder Zitate verwendet, nimmt man sich selbst aus der Schusslinie und erhöht die Wahrscheinlichkeit, andere zu überzeugen. Sicherlich ist das sinnvoll, sofern die Zusammenhänge richtig sind und man seine eigenen Argumente damit untermauern kann. Es gibt jedoch auch gerissene Redner, die keinerlei eigene Erfahrungen haben und sich überwiegend mit fremden Federn schmücken wollen. *Hier können Sie sich zum Beispiel folgendermaßen wehren:*

- Mich interessiert weniger, was Albert Einstein herausgefunden hat. Welche Erkenntnisse und Erfahrungen können Sie hinzusteuern?
- Jeder kennt die Forschungsergebnisse von Dr. Fischer. Mich interessiert jedoch viel mehr, was Sie dem hinzuzufügen haben.
- Mein Opa hat mal gesagt: „Wer ahnungslos ist und nicht mit leeren Händen dastehen möchte, klaut Weisheiten von anderen."
- Mal angenommen, Sie würden sich nicht hinter Zitaten verstecken. Was hätten Sie dann aus eigener Erfahrung gesagt?
- Toller Vortrag. Mich interessiert jedoch viel mehr, wie Sie selbst darüber denken.
- Den Oberstaatssekretär können wir gerade nicht fragen, aber Sie. Was denken Sie selbst darüber?

Wissenschaft hinzuziehen

Auch die Wissenschaft umgibt eine gewisse Autorität für die meisten Menschen. *Gerne werden Floskeln verwendet wie:*

- Das ist bereits wissenschaftlich nachgewiesen.
- Forscher haben herausgefunden, …
- In sämtlichen Untersuchungen kam man zu dem Schluss, …
- Ein Team aus Wissenschaftlern ist der Meinung, …

Teilweise werden sogar zu Manipulationszwecken Zitate, Lehrmeinungen und Forschungsergebnisse aus dem Zusammenhang gerissen und falsch wiedergegeben. Manche stellen einem auch die einschüchternde Frage: „Wussten Sie das nicht?“, „Kennen Sie das nicht?“ oder „Haben Sie davon noch nie gehört?“ Bleiben Sie dabei cool und gelassen.

- Ich habe das Zitat anders in Erinnerung.
- Der Versuch damals hatte tatsächlich einen ganz anderen Hintergrund.
- Nein! Dieses Zitat kenne ich nicht.
- Irgendwie habe ich damit gerechnet, dass Sie diese Forschungsergebnisse anders darstellen werden.
- Mir wäre es lieb, wenn Sie den Sachverhalt nochmal so darstellen, wie er tatsächlich war.
- Haben Sie auch noch verwertbare Belege oder nur diese verfälschten Zitate?

Verwenden von Fremdwörtern

Sehr beliebt in der Rhetorik sind auch lange verschachtelte Sätze mit vielen Fremdwörtern. Das hört sich zumeist sehr schlau und gebildet an. Dahinter verbirgt sich jedoch oftmals eine Verschleierung von Sachverhalten, die Verwirrung stiftet.

- Das Xylometazolinhydrochlorid kann zu einer abnormalen und toxischen Dependenz führen. Daher sollten wir das Nasenspray nicht mehr frei verkaufen.

  Lassen Sie sich davon nicht beeindrucken. Wenn Sie die Argumente oder Sätze nicht verstehen, fragen Sie nach oder wiederholen, was Sie verstanden haben.

- Wären Sie so nett, dass nochmal für Menschen zu erklären, die nicht so gebildet sind?
- Können Sie das nochmal auf Deutsch übersetzen?
- Das klingt sehr beeindruckend, aber das Argument habe ich nicht verstanden.
- Verstehe ich Sie richtig, dass Sie sagen wollten, dass der Wirkstoff im Nasenspray zu einer Abhängigkeit führen kann?

Vorgeschobene Genauigkeitsdefizite

In manchen Situationen können Sie sich noch so viel Mühe geben und noch so detailliert informieren. Dennoch gibt es Menschen, die einem vorwerfen, dass Sie zu undetailliert oder zu ungenau waren. Damit wird versucht, rhetorisch Verunsicherung zu stiften und Ihre Autorität zu untergraben.

- Der Teufel liegt oft im Detail.
- Ihre Argumente sind mir zu schwammig.
- Klingt plausibel, aber ist mir noch zu oberflächlich.

Hierbei handelt es sich um ein Machtspielchen, gegen dass Sie sich wehren können und sollten.

Zum Beispiel so:

- Was genau fehlt Ihnen an Informationen?
- Ich bin mir sicher, alles genau erklärt zu haben. Sie können es gerne im Protokoll nochmal nachlesen, wenn Sie an der einen oder anderen Stelle nicht aufmerksam zugehört haben.
- Mir war es wichtig, Sie nicht zu langweilen. Daher habe ich mich auf die Kernaussagen beschränkt. Dass diese im Detail überprüft wurden, versteht sich von selbst. Sie können die Quellen gerne einsehen. Es steht alles im Bericht.

Vorwürfe

Es gibt Situationen, in denen wird man mit unzähligen Vorwürfen überschüttet oder bekommt lauter Fragen gestellt, die einen indirekten Vorwurf enthalten. Hintergrund ist oftmals, dass man bewusst jemanden provozieren oder etwas hinauszögern möchte. *Sie können daraufhin folgendermaßen antworten:*

- Auch, wenn das mit dem Thema nichts zu tun hat, gebe ich Ihnen gerne ganz kurz eine Antwort darauf.
- Danke erstmal für Ihren Kommentar. Mir ist wichtig, dass wir ein gewisses Niveau wahren. Haltlose Vorwürfe stören leider nur die Konversation.
- Wenn Sie zugehört hätten, könnten Sie sich die Frage selbst beantworten.
- Wir haben jetzt leider nicht die Zeit, alles zu wiederholen.
- Die Betonung Ihrer Frage klingt so, als wären Sie gar nicht an der Antwort selbst interessiert.

Entweder oder...

Wenn jemand zwei Wege vorschlägt, bekommt man das Gefühl, dass es keine weiteren Optionen gibt und wählt oft etwas aus dem Vorgegebenen. Man wird damit emotional massiv unter Druck gesetzt.

- Entweder du änderst dich oder ich trenne mich.
- Entweder isst du das, was auf dem Tisch ist, oder du gehst direkt ins Bett.
- Entweder du räumst dein Zimmer auf oder ich sage deinen Besuch morgen ab.
- Entweder wir fahren ins Allgäu oder nach Bremen.
- Entweder Sie akzeptieren den Preis oder ich gehe zu jemand anderem.

Manchmal macht es tatsächlich Sinn, sich zwischen zwei Optionen oder zwei Extremen zu entscheiden. Doch wenn Sie sich zu sehr unter Druck gesetzt fühlen, können Sie gegensteuern.

- Wie würde denn der Mittelweg aussehen?
- Was wäre aus Ihrer Sicht ein Kompromiss, den Sie mitgehen könnten?
- Können wir uns bitte auf etwas anderes einigen?
- Ich mache Ihnen einen Gegenvorschlag.
- Beide Optionen sind aus meiner Sicht nicht die beste Lösung.

Verwirrung stiften

Manchmal trifft man selbst Aussagen, die unmissverständlich sind. Dennoch gibt es Manipulatoren, die einem das Wort im Mund umdrehen und absichtlich für Verwirrung sorgen.

Aussage: Mich stört es, wenn wir uns zu einem Zeitpunkt verabreden und Du ständig zu spät kommst.
Verwirrung: Sag doch gleich, dass Du mich nicht liebst.

Aussage: Mir ist es wichtig, dass wir zu einem Team zusammenwachsen und uns gegenseitig unterstützen.
Verwirrung: Diese Idee ist äußerst vielschichtig und deshalb halte ich es genau wie Sie für richtig, wenn wir diese nochmal völlig neu bewerten.

Bemerken Sie, dass jemand Sie mit der Verwirrungstaktik in eine falsche Richtung lenken möchte, dann können Sie folgendermaßen gegensteuern:

- Meine Aussage war eigentlich nicht missverständlich. Mir ging es nicht um die Liebe zwischen uns, sondern um die Pünktlichkeit.
- Mir ist jetzt nicht ganz klar, wieso Du zwei Themen, die nichts miteinander zu haben, vermischst. Es ging mir um die Pünktlichkeit.
- Das erinnert mich an meine Kindheit. Wenn Mama mir was gesagt hat, habe ich es auch immer auf die Liebe geschoben. Hat nur irgendwie nie funktioniert.
- Damit es nicht verdreht ankommt, würde ich dazu noch was ergänzen wollen. Wir starten jetzt direkt mit dem Teambuilding. Es muss nichts neu bewertet werden.
- Vielleicht ist es nicht ganz klar bei Ihnen angekommen. Es muss nichts neu bewertet werden. Die Fakten liegen auf der Hand.
- Sie müssen mir nicht die Worte im Mund umdrehen. Die Bewertung ist längst abgeschlossen.

Naivität vortäuschen

Es gibt viele rhetorische Stilmittel, bei denen man den Geduldsfaden verlieren kann. Genauso ist es, wenn jemand so tut, als wäre er ahnungslos.

Aussage: Wir müssen heute noch für die Party einkaufen.
Vorgetäuschte Naivität: Ich weiß nicht, welche Party du meinst.

Aussage: Sie haben in den letzten Monaten 50 Prozent weniger Umsatz gemacht.
Vorgetäuschte Naivität: Ich weiß nicht, was Sie meinen.

Wenn Sie bemerken, dass jemand den Ahnungslosen spielt, dann gibt es nur eine Möglichkeit. Bleiben Sie ruhig. Es kann nämlich ganz schnell vorkommen, dass man die Fassung verliert und einen ungeschickten

Fehler macht. Wiederholen Sie Ihre Aussage in abgewandelter Form oder interpretieren Sie die Gegenaussage auf freundliche Weise.

- Möchtest du mir damit sagen, dass du nicht mit einkaufen gehen möchtest?
- Sie haben nur die Hälfte an Einnahmen gemacht.

Diffamierung

Bei der Diffamierung geht es darum, gezielt die Personen zu beleidigen, die anderer Meinung sind.

- Ich hätte auch nicht erwartet, dass eine Modedesignerin die Zusammenhänge verstehen kann.
- Mir war klar, dass die Geschäftsführung nur am Geld interessiert ist und nicht am Wohl der Mitarbeiter.
- Als Bodybuilder haben Sie natürlich andere Dinge im Kopf und können das nicht nachvollziehen.

Wird man beleidigt, kann man schnell aus der Haut fahren. Im Normalfall möchte man zum Gegenschlag ausholen. Doch genau das sollten Sie nicht tun. Nehmen Sie die Beleidung hin und gehen Sie mit dem Gespräch wieder auf die Sachebene.

- Lassen Sie Ihren Frust gerne an mir aus. Doch welche sachlichen Argumente sprechen jetzt für Ihre und gegen meine Sichtweise?
- Klischees haben für mich keine Bedeutung. Stichhaltige Argumente hingegen schon. Welche können Sie denn jetzt vorbringen?
- Ich weiß nicht, was Sie gegen Bodybuilder haben. Das müssen Sie aber auch mit sich selbst ausmachen. Erzählen Sie mir lieber mehr davon, warum Sie wirklich gegen meine Idee sind.

Beschuldigen

Beschuldigungen haben den besonderen Effekt, dass die Gesprächspartner damit aus der Fassung gebracht werden können. Daraufhin kann man sie für ihre Reaktion wiederum kritisieren und ggf. das Gespräch sogar abbrechen.

Beispiel:
Person A: „Sie verstehen mich völlig falsch."
Person B: „Ich habe keine Bohnen in den Ohren. Ich weiß genau, was Sie gesagt haben."
Person A: „Warum werden Sie denn gleich so aggressiv? Jeder versteht mal etwas falsch."
Person B: „Wollen Sie mich verarschen?"
Person A: „Es macht keinen Sinn mit Ihnen weiterzusprechen. Beruhigen Sie sich erstmal."

Wenn Sie anstelle von Person B sind, bleiben Sie lieber ruhig und sachlich. Lassen Sie sich von den Beschuldigungen nicht beeindrucken.

Person A: „Sie verstehen mich völlig falsch."
Person B: „Wie darf ich Sie denn richtig verstehen?"
Person A: „Sie hören mir scheinbar nicht richtig zu."
Person B: „Würden Sie es mir nochmal erklären?"
Person A: „Es macht keinen Sinn mit Ihnen weiterzusprechen, wenn Sie mir nicht zuhören."
Person B: „Ich finde es schade, wenn Sie sich jetzt aus der Diskussion zurückziehen."
Person A: „Und ich finde es schade, wenn man mir nicht zuhört."
Person B: „Entscheiden Sie. Wenn Sie bereit sind, es nochmal für mein Verständnis zu erklären, würde uns das sicherlich weiterbringen."

Moralisieren

Moralisierungen helfen dem Manipulator dabei, seinem Gesprächspartner ein schlechtes Gewissen zu machen. Dadurch können unbewusst Handlungen ausgelöst werden, die unter normalen Umständen sonst abgelehnt worden wären.

- Wer sich immer noch nicht hat impfen lassen, dem scheint das Leben anderer nicht wirklich wichtig zu sein.
- Wer heute noch kein E-Auto fährt, dem scheint die Zukunft unseres Planeten egal zu sein.
- Wer keinen Sport treibt, ist selbst schuld, wenn die eigenen Kinder sich das abschauen und nur noch vor der Spielekonsole hängen.

Bei solchen oder ähnlichen Sätzen ist es wichtig, dass Sie für sich die Wahrheit in Form von Fakten kennen oder recherchieren, bevor Sie sich mit einem schlechten Gewissen quälen und etwas tun, was Sie gar nicht wollen.

Isolieren

Geschickte Rhetoriker wissen genau, was sie wann sagen müssen, um andere Menschen zu überzeugen. Sie wissen aber auch, was sie nicht sagen sollten und können dies sehr gut verschleiern oder verbergen. Man greift oftmals nur die Sachverhalte heraus, die für die eigene Zielsetzung hilfreich sind und lässt alles andere außen vor.

Achtung bei folgenden Formulierungen:

- Da wir nicht so viel Zeit haben, möchte ich mich auf das Wesentliche beschränken.
- Lassen Sie uns den Fokus mal auf eine Sache legen.
- Ich möchte Sie nicht langweilen und habe daher die wichtigsten Punkte herausgegriffen.

Wenn Sie damit nicht einverstanden sind und merken, dass das Gespräch in eine Richtung geht, die Sie nicht möchten, sollten Sie reagieren. Sprechen Sie die fehlenden Punkte und deren Wichtigkeit an.

- Sie langweilen mich nicht damit. Lassen Sie uns ruhig auch noch die anderen Punkte anschauen.
- Wir können gerne den Fokus auf diesen einen Punkt legen. Ich möchte jedoch auch die anderen noch erörtern.
- Wenn das Wesentliche alles enthält, ist es für mich in Ordnung. Ansonsten müssten wir tiefer ins Detail gehen.

Nein-Taktik

Kennen Sie auch Menschen, die gegen alles und jeden sind? Ganz gleich, welcher Vorschlag kommt, es gibt ein „NEIN". Grundsätzlich ist daran nichts auszusetzen, wenn jemand etwas nicht mag oder eine andere Meinung hat. Es gibt aber auch gerissene Rhetoriker, die einen mit der Nein-Taktik richtig aus der Reserve locken. Sie behaupten einfach immer das Gegenteil.

- Nein, das ist nicht richtig.
- Das können wir so nicht machen.
- Da sind Sie auf einem völlig falschen Dampfer unterwegs.
- Das ist sehr interessant, passt aber nicht ins Konzept.
- Sie haben einige Sachen nicht bedacht, daher werden wir das nicht so machen.
- Das ergibt leider keinen Sinn.
- Das wird nicht funktionieren.
- Sie machen einen großen Fehler.

Wehren Sie sich, indem Sie Gegenfragen stellen.

- Sind Sie eigentlich grundsätzlich gegen alles?
- Was ist daran nicht richtig?
- Was meinen Sie mit falschem Dampfer?
- Mal angenommen, es würde ins Konzept passen, würden Sie dann zustimmen?
- Was genau ergibt für Sie keinen Sinn?
- Was macht Sie so sicher, dass es nicht funktionieren wird?
- Welchen Fehler meinen Sie genau?

Killerphrasen

Killerphrasen werden auch Totschlagargumente oder Scheinargumente genannt. Sie haben keinen inhaltlichen Bezug zum diskutierten Thema und unterbrechen den Gesprächsfluss.

Beispiele:

- Das haben wir schon oft genug versucht. Es wird nicht funktionieren.
- Bei diesem Thema können Sie nicht mitreden.
- Das ist zu teuer und nicht rentabel.
- Andere werden uns für verrückt halten.
- Das macht überhaupt keinen Sinn.
- Dafür haben wir keine Zeit.
- Das hat nichts mit der Sache zu tun.

Solche unnützen Argumente können Sie ganz einfach aushebeln. Stellen Sie Fragen oder machen motivierende Aufforderungen.

- Sie haben es schon oft versucht? Dann machen wir es diesmal besser.
- Wieso denken Sie, dass ich nicht mitreden kann?
- Was genau ist daran zu teuer? Gibt es bereits eine Kalkulation?
- Wenn andere uns für verrückt halten, haben wir zumindest die nötige Aufmerksamkeit. Lassen Sie uns beginnen.
- Was genau macht keinen Sinn?
- Wenn wir keine Zeit haben, dann nehmen wir sie uns eben.
- Was genau hat mit der Sache nichts zu tun?

Suggestivfragen

Suggestivfragen sind Fragen, die bereits eine Antwortmöglichkeit enthalten. Sie suggerieren dem Gesprächspartner, dass er genau diese Antwort geben sollte.

- Sie sind doch sicherlich auch der Meinung, dass …?
- Sie haben doch bestimmt nichts dagegen, dass …?
- Sind Sie nicht auch der Auffassung, dass …?
- Es ist für Sie doch in Ordnung, wenn ich …?

Bei solchen Frageformulierungen müssen Sie immer besonders gut aufpassen. Man wird nämlich dazu verleitet, sehr schnell darauf einzusteigen. Prüfen Sie, ob die implizierte Antwort auch tatsächlich Ihrer Meinung und Auffassung entspricht.

Kompetenz anzweifeln

Der Zweifel an der Kompetenz einer Person ist wie ein Angriff zu werten. Es geht weniger um Inhalte, sondern um die Persönlichkeit. Sobald diese angezweifelt wird, kann die Position eines Gesprächspartners deutlich geschwächt werden.

Beispiel:
„Herr Kollege, es ist nicht schlimm, wenn Sie das nicht korrekt wiedergegeben haben. Es gehört ja auch nicht zu ihrem Kompetenzfeld."

Sollte jemand versuchen, Ihnen Ihre Kompetenz abzusprechen, gehen Sie schlagfertig vor. Bitten Sie um eine Begründung oder gehen Sie konkret auf das Verhalten ein.

Abwehrbeispiele:

„Können Sie mir kurz erklären, wie Sie darauf kommen, dass ich in diesem Feld nicht bewandert sein soll?“

„Es wäre tatsächlich schlimmer, wenn jemand versucht, jemand anderem die Kompetenz abzusprechen. Richtig.“

„Ich weiß nicht, wie Sie das sehen. Aus meiner Sicht müssen wir uns nicht gegenseitig die Kompetenz absprechen, um uns in diesem Projekt zu beweisen. Was halten Sie davon, wenn wir uns auf die wirklich wichtigen Dinge fokussieren.“

„Herr Kollege, wenn Sie sich messen wollen, dann lassen Sie uns das auf dem Tennisplatz machen. Hier wäre es mir sehr lieb, wenn wir uns gegenseitig den Rücken stärken.“

Teil V – Dunkle Psychologie

Dunkle Persönlichkeiten bzw. die „dunkle Triade“

Sind Sie auch schon mal Menschen begegnet, die scheinbar völlig rücksichtslos durch das Leben gehen und trotzdem erfolgreich weiterkommen? Ist es nicht merkwürdig, dass die dunkelsten Persönlichkeiten die interessantesten Partner magisch anziehen?

Anfang der 2000er Jahre erforschten zwei Psychologen von der University of British Columbia genau diese Menschen. Dabei entdeckten sie, dass es drei Persönlichkeitseigenschaften gibt, die immer wieder gemeinsam aufzufinden sind. Narzissmus, Machiavellismus und Psychopathie. Diese nannten sie die dunkle Triade.

Oft treten diese drei Eigenschaften gemeinsam auf, jedoch in unterschiedlicher Intensität. Häufig findet man Menschen mit den dunklen Triaden in Machtpositionen. Grundsätzlich kann sich jedoch jeder Mensch in eine solche Richtung entwickeln.

Nun nehmen wir die einzelnen Typen mal etwas genauer unter die Lupe.

Dunkle Triade: Narzissmus

Der erste Baustein der dunklen Triade ist der Narzissmus. Dabei handelt es sich um sehr selbstverliebte Menschen, die auf andere arrogant, überheblich und angeberisch wirken. Dabei haben sie immer das Gefühl, anderen vollkommen überlegen zu sein. Vorab möchte ich erklären, dass lediglich narzisstische Züge noch nicht krankhaft sind. Die narzisstische Persönlichkeitsstörung hingegen schon, hierbei handelt es sich um eine anerkannte psychische Erkrankung. Eine verlässliche Diagnose kann natürlich nur ein Arzt stellen.

Narzisstischen Persönlichkeiten ist es wichtig, als besondere Menschen angesehen und behandelt zu werden. Um das zu erreichen, übertreiben sie gerne mit ihren Leistungen und Talenten. Gelingt ihnen das nicht, werden sie schnell wütend oder aggressiv. Das bedeutet auch, dass sie sich sehr schnell verachtend äußern, wenn ihnen jemand mit Kritik begegnet. Was die wenigsten wissen, ist, dass Narzissten sich mit diesem Verhalten gegen ihre Unsicherheit, ihr Schamgefühl und ihre Verletzlichkeit wehren. Denn diese Gefühle belasten sie sehr. Daher machen sie auch eher andere Menschen schlecht, als ihr eigenes Verhalten zu hinterfragen.

Gefährlich ist, dass sie sehr gerissen sind. Lernt man eine narzisstische Persönlichkeit kennen, ist von ihrem schlechten Verhalten zunächst nichts zu sehen. Sie hinterlassen oft einen guten ersten Eindruck, haben eine anziehende Körpersprache und sind gut gekleidet. Das führt auch dazu, dass sie zu Beginn wie ein Menschenmagnet wirken. Läuft dann jedoch etwas nicht nach ihrem Konzept, holen sie zum Machtkampf aus. Je nachdem, wie hoch der Widerstand ist, bestimmt dieser die Intensität des Kampfes.

Dunkle Triade: Machiavellismus

Der im 15. Jahrhundert lebende italienische Diplomat und Philosoph Niccolò di Bernado dei Machiavelli prägte den Satz „Der Zweck heiligt die Mittel.“ Machiavellistische Menschen gehen sprichwörtlich über Leichen, um ihre eigenen Ziele zu erreichen. Sie sind machthungrig und äußerst manipulativ. Um erfolgreich den eigenen Weg zu verfolgen, verstellen sie sich, wann immer es möglich ist. Sie schrecken vor keiner Intrige zurück. Machiavellisten sind Meister darin, sich angemessen zu verhalten und anderen etwas vorzugaukeln.

Menschen werden als Objekte angesehen. Sofern sie nützlich sind, ist man nett und freundlich. Bringen sie keinen Nutzen mehr, werden sie abgestoßen.

Interessant dabei ist, dass Narzissmus und Psychopathie in einer starken Ausprägung als Persönlichkeitsstörung gelten. Machiavellismus hingegen nicht.

Dunkle Triade: Psychopathie

Wenn man von Psychopathie hört, denkt man schnell an kaltblütige Mörder und Verbrecher. Doch diese Form der Persönlichkeit ist viel alltäglicher, als die meisten annehmen. Psychopathisches Verhalten steckt in vielen Menschen. Wenn ein Kind beispielsweise ein Tier oder ein Insekt quält, dann sind das bereits erste Anzeichen. Im Vergleich zu Machiavellisten, die eher kühl und überlegt agieren, sind Psychopathen meist impulsiv, aggressiv und sehen andere gern leiden. Dabei machen sie sich keine Gedanken über die Konsequenzen. Sie sind deutlich risikobereiter und zeigen wenig Furcht. Wenn es jemandem schlecht geht, legen sie gerne noch zusätzlich den Finger in die Wunde.

Menschen mit einer psychopathischen Störung fehlt es an der Fähigkeit, sich in andere einfühlen zu können. Zu diesem Thema gibt es zahlreiche Forschungen mit sehr interessanten Belegen. Zum Beispiel hat man herausgefunden, dass Häftlinge, bei denen eine Psychopathie diagnostiziert wurde, eine ganz andere Gehirnaktivität hatten, während sie gefühlsintensive Bilder anschauten, als die Kontrollgruppe von Nichtpsychopathen. Eine andere Studie hat herausgefunden, dass es doch empathiefähige Psychopathen gibt. Sie können so gut mitfühlen und die Gefühle anderer wahrnehmen, dass sie jeden wunden Punkt sofort erkennen und für sich nutzen, um zuzuschlagen.

Gaslighting

Gaslighting ist eine der gefährlichsten und auswirkungsstärksten Formen von Manipulation. Diese subtile Form der Beeinflussung wird auch psychischer Missbrauch genannt.

Opfer werden gezielt in die Desorientierung getrieben, sodass sie ihr Realitätsbewusstsein verlieren. Das Selbstvertrauen wird dadurch komplett zerstört.

Johanna war seit 2 Jahren mit ihrem Freund Marcel zusammen. In den ersten Monaten waren sie sehr glücklich. Doch irgendwann veränderte sich Marcel. Immer wenn sie verärgert oder traurig war, behauptete er, dass sie aber glücklich aussehe. Er begann zu behaupten, dass sie im Schlaf sprechen würde und nachts an den Kühlschrank gehen würde. Er legte ständig ihre Schlüssel, ihr Handy und die Handtasche an andere Orte und behauptete, sie habe die Sachen dort abgelegt. Schließlich begann er immer wieder zu sagen, dass sie scheinbar langsam verrückt würde. Erst machte er es scherzhaft, doch der Ton wurde immer ernster. Über die nächsten Wochen und Monate steigerte er seine Maßnahmen und machte Johanna glaubhaft, dass sie laufend Fehler machen würde und froh sein könne, ihren Job noch zu haben. Ihr Selbstvertrauen sank von Mal zu Mal mehr. Sie begann depressiv zu werden. Doch Marcel kümmerte sich scheinbar um sie, dosierte ihr sogar die Medikamente, die sie verschrieben bekam, damit sie nicht die verkehrte Menge einnahm. Johanna isolierte sich immer mehr von der Außenwelt und Marcel bestärkte sie darin, dass es richtig sei, erstmal gesund zu werden, bevor sie wieder raus ging. In der letzten Stufe zeigte er seiner Freundin gegenüber sein wahres Gesicht. Er beschimpfte sie, machte ihr Vorwürfe, behauptete, sie wolle sich nur auf seine Kosten ausruhen. Sobald jedoch jemand anderes in der Nähe war, verhielt er sich wie der nette junge Mann, den alle kannten.

Genau so oder ähnlich gehen Menschen vor, die Gaslighting betreiben. Sie saugen ihren Opfern die gesamte Energie aus, indem sie ganz tief in die Manipulationskiste greifen und teilweise über mehrere Jahre agieren. Gaslighter dringen tief in das Gehirn anderer Menschen vor und verändern dort Prozesse. Betroffene verlieren dann den Bezug zur Realität, erkranken, haben Angststörungen und Panikattacken. Sie erleben psychotische Momente, in denen sie Halluzinationen haben.

Um sich vor Gaslighting zu schützen, gibt es nur eine Möglichkeit. Man muss es erkennen und für sich unterscheiden, was wahr ist und was nicht.

Gaslighter verwenden gern folgende Sätze:

- Du siehst wohl Gespenster.
- Du übertreibst ständig.
- Du benimmst dich wie ein Kind.
- Du bist paranoid.
- Was sollen denn die Leute denken, wenn du dich so danebenbenimmst?
- Du machst immer aus einer Mücke einen Elefanten.
- Du scheinst das Drama zu lieben.
- Reg dich mal ab. Das ist doch kein Problem.
- Du bist aber extrem empfindlich.
- Irgendwas stimmt mit dir nicht.
- Du hast wirklich eine lebhafte Fantasie.
- Mit dir war es noch nie einfach.
- Du wirst dich nie ändern.
- Du hast echt kein Gewissen.

Tatsächlich gibt es auch viele Menschen, die Gaslighting unbewusst betreiben. Das liegt daran, dass sie es nicht anders gelernt haben. Man muss jedoch grundsätzlich festhalten, dass, wenn ein Mensch etwas wahrnimmt und fühlt, es in diesem Moment auch so ist. Wenn Sie sich das Knie stoßen, es Ihnen danach weh tut und jemand sagt: „Stell dich nicht so an, da ist doch nichts“ oder „Das kann doch gar nicht weh getan haben“, dann ist das bereits der Beginn, die Gefühlswelt des anderen zu manipulieren. Wenn es weh tut, tut es weh. Punkt. Doch wenn man beginnt, diesen Aussagen Glauben zu schenken, dann verliert man irgendwann den Bezug zu seiner eigenen Gefühlswelt. Man weiß nicht mehr, wer man ist, was man fühlen soll oder auch nicht.

Love Bombing

Kennen Sie das Phänomen, dass man erst mit Liebe überschüttet und dann schließlich fallengelassen wird? Dieses manipulative Phänomen nennt man Love Bombing.

Hinter dieser Manipulationstechnik steckt eine Systematik, um andere Menschen von sich abhängig zu machen. Dadurch, dass man bereits am Anfang einer Beziehung viele Komplimente und Zärtlichkeiten erhält, ist es nur sehr schwer möglich, sich nicht wohl zu fühlen. Doch diese rasante Geschwindigkeit führt auch genauso schnell in eine Abhängigkeit, da man dieses Level gerne halten möchte. Und genau das ist der Punkt, an dem man von seinem neuen Partner kontrollierbar wird. Sobald er oder sie mit Liebesentzug reagiert, überlegt man sich, ob man nicht doch nachgibt.

Tatsächlich ist es nur sehr schwer zu erkennen, ob man einfach gerade die rosarote Brille aufhat und daher auf Wolke sieben schwebt, oder ob man dem Love Bombing zum Opfer gefallen ist.

Häufig gibt es jedoch einen eiskalten Schnitt. In der Anfangsphase ist alles wunderbar und danach erhält man die Zuwendung und Zuneigung nur noch, wenn alles so läuft, wie der Love-Bomber es sich vorstellt.

Wenn Sie bemerken, dass Sie Opfer dieser fiesen Manipulationstechnik sein könnten, besinnen Sie sich zunächst. Bleiben Sie ruhig und testen es aus. Geben Sie in einigen Situationen bewusst mal nicht nach und schauen, wie Ihr Partner darauf reagiert. Gibt es Ärger oder einen Entzug der Liebe, dann sprechen Sie es offen, aber freundlich an. Sagen Sie, dass Sie den Ärger gut verstehen können, jedoch keinen Grund darin sehen, dass die Liebe darunter leiden muss. Anhand der Reaktion und des weiteren Verlaufs werden Sie erkennen, ob es sich nur um eine einzelne Situation handelt oder ein manipulatives Muster.

Selbstverständlich ist es ein Stück weit normal, dass man in einer Beziehung Kompromisse eingeht. Auch ist es nicht selten, dass jemand mal beleidigt ist oder sich zurückzieht. Wenn Sie jedoch spüren, dass Sie eiskalt manipuliert und kontrolliert werden, ist der Zeitpunkt gekommen, sich von solchen Menschen zu distanzieren.

Benching

Stellen Sie sich eine junge Frau vor. Sie hat ein Date mit einem attraktiven jungen Mann. Die beiden verstehen sich auf Anhieb sehr gut und es hat auch gefunkt. In den Tagen und Wochen darauf schreiben sie sich immer wieder, schicken sich gegenseitig Herzchen und liebevolle Komplimente. Hin und wieder treffen sie sich und sprechen über eine mögliche Beziehung. Doch bald bemerkt die Frau, dass er sich immer sehr annähert und dann doch etwas zurückhaltender ist, sobald es konkreter wird.

Hier könnte der Verdacht nahe liegen, dass es sich um Benching handelt. Das ist eine Hinhaltetaktik. Man macht jemandem Hoffnung, gaukelt Interesse vor und sobald es ernster wird, geht man auf Abstand. Irgendwann kommt die Situation, in der die andere Person loslassen möchte. Doch dann geht es wieder von vorn los. Man meldet sich, man nähert sich an und geht schließlich erneut auf Abstand.

Das Benching erkennen Sie an folgenden Faktoren:

- Es erfolgt nie eine konkrete Antwort auf das Verhalten.
- Zusagen sind immer nur kurzfristig. Genaue Treffpunkte werden immer erst kurz vorher bekannt gegeben.
- Der Kontakt findet überwiegend online statt.
- Es kommen viele Ausreden.
- Es gibt viele Komplimente.
- Die Kennenlernphase ist sehr lang.
- Freunde oder Familie werden nicht vorgestellt.

An dieser Stelle stellt sich natürlich noch die Frage, warum jemand überhaupt Benching betreibt. Dafür kann es mehrere Gründe geben. Es kann sein, dass jemand nicht den Mut hat loszulassen, unter Bindungsängsten leidet, sein Selbstwertgefühl aufwerten möchte, bereits vergeben ist oder keine Entscheidungen treffen will.

Emotionale Erpressung

Gaslighting, Love Bombing und Benching sind alles Formen und Abwandlungen emotionaler Erpressung. Es geht immer darum, Menschen über ihre Gefühlswelt so zu manipulieren, dass sie tun, was der andere möchte. Versucht man sich dem zu entziehen, wird man mit stark belastenden Gefühlen konfrontiert. Oft werden auch Dinge in Zusammenhang gebracht, die nichts miteinander zu tun haben. *Achten Sie besonders auf folgende Aussagen:*

- Ich bin immer für dich da und was machst du?
- Wenn du mich wirklich liebst, dann kommst du heute Abend mit.
- Ich glaube, du liebst mich nicht wirklich.

Anna und Toni sind seit einem Jahr zusammen. Vor einem Monat sind sie gemeinsam in eine Wohnung gezogen. Bisher haben sie sich sehr gut verstanden. Doch Anna hat sich seitdem etwas verändert. Sie war zwar schon immer sehr ordentlich, nur macht sie Toni mittlerweile ständig Vorwürfe. Sobald er arbeiten ist, putzt sie die ganze Wohnung, kümmert sich um die Wäsche und kauft ein. Toni gegenüber sagt sie: „Ich mache hier alles alleine. Du kümmerst dich um nichts." Anna reißt alle Aufgaben an sich, erledigt sie so, dass ihr Freund gar keine Möglichkeit hat sich einzubringen und wirft ihm dann vor, dass er sie alleine lässt. Toni bekommt ein schlechtes Gewissen und überhäuft seine Geliebte laufend mit teuren Geschenken.

Wie erkennen Sie, ob Sie emotional erpresst werden?

- Der Partner stellt sich immer als Opfer dar und gibt Ihnen die Schuld.
- Sie entwickeln Schuldgefühle.
- Sie werden konfliktscheu.
- Ihre Bedürfnisse stehen immer hinten an.
- Es plagen Sie Selbstzweifel.
- Sie werden ständig aufgefordert etwas zu tun.
- Sie werden massiv unter Druck gesetzt.
- Man hat Ihnen gegenüber eine hohe Erwartungshaltung.

Man muss jedoch unterscheiden, ob man sich dieses Leid selbst hinzufügt, oder ob andere tatsächlich der Auslöser sind. Es gibt nämlich auch Menschen, die ein schwaches Selbstwertgefühl haben und sich daher selbst unter Druck setzen, alle Aufgaben an sich reißen, konfliktscheu sind und selbst glauben, ständig etwas tun zu müssen. An dieser Stelle wäre es realitätsfern, andere dafür zu beschuldigen, weil man sich selbst nicht im Griff hat. Seien Sie somit achtsam, wenn es um die kleinen Details geht.

Teil VI –
Wie Sie sich vor Manipulation schützen

Manipulationsversuche erkennen

Der erste Schritt, um Manipulationsversuchen entgegenzuwirken, ist das Erkennen der Taktiken. Sie haben bereits sehr viele Techniken kennengelernt. An einigen Stellen waren Sie möglicherweise schockiert, wozu Menschen in der Lage sind. An anderen Stellen mussten Sie vielleicht schmunzeln oder lachen. Sicherlich haben Sie bereits durch dieses Wissen eine deutlich höhere Aufmerksamkeit erlangt. Dennoch möchte ich Ihnen noch fünf Merkmale mit auf den Weg geben, an denen Sie Manipulatoren erkennen können. Manchmal treten diese Merkmale einzeln auf. Oftmals jedoch auch zusammen.

Ein ungewöhnlich hohes Interesse

Wenn Sie sich in einem Gespräch befinden, in dem Sie das Gefühl haben, nichts über Ihren Gesprächspartner zu erfahren, jedoch ausgefragt werden, sollten Sie vorsichtig sein. Manipulatoren spähen oftmals ihre Opfer sehr genau aus. Sie wollen wissen, wie sie denken, fühlen und handeln, um ihre Taktik auswählen zu können. Auch wenn es eine Tugend sein mag, offen, ehrlich und kommunikativ zu sein, können Sie dadurch in eine Falle tappen. Geben Sie also niemals mehr Informationen heraus als notwendig.

Zu viel Charme

Komplimente, Geschenke und Aufmerksamkeiten sind eigentlich eine schöne Sache. Man fühlt sich wohl und in seinem Selbstwert bestätigt. Doch nicht immer hat es etwas mit einer Nettigkeit oder der großen Liebe zu tun. Manipulatoren versuchen sich oftmals über diesen Weg das Vertrauen zu sichern, um ihre Opfer dann kontrollieren zu können. Ehrlich gemeinte Gefälligkeiten sind immer bedingungslos und kommen von Herzen. Das bedeutet, wenn Sie bei einer Forderung oder Aufforderung mit „Nein“ antworten, dann stellen Sie fest, in wie weit es gespielt war oder eben auch nicht.

Eine feste Rolle haben

Manipulative Menschen haben oft die Angewohnheit, sich in eine gewisse Rolle zu begeben. Entweder spielen sie den Helden oder das Opfer. Sie arbeiten mit Krankheiten, Leid und Problemen oder mit tollen Leistungen, überdurchschnittlichen Fähigkeiten und heldenhaften Taten. Ziel ist es, dass man sie bemitleidet oder anbetet. Da es sich jedoch um eine inszenierte Rolle handelt, verstricken sich solche Menschen laufend in Widersprüche. Und genau diese können Sie aufdecken, um sich zu schützen.

Produzieren von Schuldgefühlen

An etwas Schuld zu haben, ist ein sehr unangenehmes Gefühl. Daher ist es auch so wirksam, um Menschen in eine bestimmte Richtung zu bewegen.

Typische Sätze:

- „Möchtest Du schuld daran sein, wenn Dein Freund seinen Job verliert?“
- „Möchtest Du daran schuld sein, wenn Dein Kind auf die schiefe Bahn gerät?“

Manipulation geschieht sehr oft über die Zuweisung von Schuld. Man bekommt ein schlechtes Gewissen und fühlt sich dann zu etwas verpflichtet. Hören Sie in sich hinein, ob Sie wirklich etwas getan haben, oder ob man Sie manipulieren möchte.

Sich besonders gut kümmern, wenn es einem schlecht geht

Narzisstische, machiavellistische und psychopathische Manipulatoren haben oftmals Freude daran, wenn es anderen schlecht geht. Das ist nämlich ihre Chance, den Retter in der Not zu spielen. Zuerst sorgen sie dafür, dass es einem schlecht geht und dann sorgen sie sich rührend um ihre Opfer. So haben sie immer eine Aufgabe und behalten die Kontrolle. Wenn Sie jemand erniedrigt und sich dann um Sie kümmert, ist das eher ein Zeichen dafür, dass Sie sich von diesem Menschen distanzieren sollten. Denn es kann wirklich gefährlich werden.

Manipulation abwehren

Selbstverständlich reicht es nicht aus, wenn man Manipulation nur erkennt. Man muss sich auch wehren können. Im Verlaufe dieses Ratgebers habe ich Ihnen schon zahlreiche Tipps, Tricks und kommunikative Vorlagen mit an die Hand gegeben. Dennoch möchte ich Ihnen an dieser Stelle noch weitere Möglichkeiten aufzeigen.

Sachlich bleiben und nicht unfair werden

Gerd arbeitet in der Produktion eines Industrieunternehmens. Grundsätzlich mag er seinen Job sehr. Doch mit Michael, einem jüngeren Kollegen, hat er laufend Schwierigkeiten. An einem Freitag hatte Michael Bauteile produziert und bemerkte, dass einige fehlerhaft waren. Anstatt dies seinem Vorgesetzten zu melden, tauschte er die Zettel mit der Produktion seines Kollegen und wollte ihm damit den Fehler unterjubeln. Am Montag stellte die Qualitätssicherung die fehlerhaften Bauteile sicher und bat Gerd gemeinsam mit dem Abteilungsleiter zum Gespräch. Bereits während des Gespräches fiel ihm auf, dass die produzierten Bauteile nicht in dem Behälter waren, den er verwendet hatte. Er nahm die Situation dennoch sachlich hin und versprach, die Ursache ausfindig zu machen. Schließlich entdeckte er, dass jemand die Produktionszettel vertauscht haben musste. Sein Auge fiel auf Michael. Somit sprach er ihn an und sagte: „Michael, ich glaube am Freitag ist etwas schief gegangen. Auf meinen Bauteilen lag dein Zettel und auf deinen lag meiner. Ich habe es dem Chef und der Qualitätssicherung noch nicht gesagt. Ich weiß auch nicht, was da gelaufen ist und wer das gemacht hat. Aber vielleicht kannst du das eben kurz aufklären, damit es keine größere Unruhe gibt."

Sobald man spürt, dass man manipuliert wird, könnte man dazu neigen, zum Gegenschlag auszuholen, ebenfalls unfair zu agieren oder jemanden in die Pfanne zu hauen. Doch genau das sollten Sie nicht tun. Versuchen Sie immer wieder auf die Sachebene zurückzukommen und sich nicht anstecken zu lassen. Denn das ist für einen Manipulator extrem irritierend und lehrreich zugleich.

Ruhig und gelassen bleiben

Jens und Nina sind seit 7 Wochen ein Paar. Er überhäuft sie seither am laufenden Band mit Liebesbekundungen und teuren Geschenken. Zuletzt schenkte er ihr eine goldene Uhr und davor eine edle Kette. Doch im gleichen Atemzug formulierte er auch immer wieder eine Forderung. Einmal sagte er sogar: „Ich tue alles für dich, also wäre es schön, wenn du heute Abend mitkommst." Nina spürte irgendwie, dass sie Schuldgefühle entwickelte und stellte Jens ruhig und gelassen zur Rede: „Jens, ich finde, dass du mir gegenüber total lieb bist. Du machst mir tolle Geschenke und liebevolle Komplimente. In einer Beziehung gehört es aber auch dazu, ehrlich zu sein. Ich möchte nicht nur aus diesem Grund nachgeben und tun, was du gerne möchtest. Das würde unsere Bindung vergiften. Nimm es mir also bitte nicht übel, wenn ich heute nicht mitkomme, weil mir einfach nicht danach ist." Jens war in diesem Moment völlig irritiert und bemerkte, dass er Nina nicht kaufen konnte.

Normalerweise rechnet ein erfahrener Manipulator damit, dass man ihm folgt oder wütend wird. Je ruhiger und gelassener Sie jedoch bleiben, desto mehr kann er auch aus der Situation lernen. Machen Sie keine Unterstellungen oder Vorwürfe, sondern sprechen es ganz ruhig an, was Sie bewegt. Genauso, wie Nina es gemacht hat.

Im Beobachtermodus bleiben

Tatsächlich fällt es nicht immer leicht, sachlich, ruhig und gelassen zu bleiben. Damit Ihnen das dennoch auch in schwierigen Situationen gelingen kann, wechseln Sie Ihre Wahrnehmung in den Beobachtermodus. Das bedeutet, dass Sie nicht direkt beurteilen oder bewerten, was Ihr Gesprächspartner gerade tut, wenn er versucht Sie zu manipulieren. *Im Normalfall neigen wir Menschen immer sehr schnell dazu, Gedanken zu haben wie…*

- Das kann doch nicht sein.
- Will der mich ärgern?
- Der will mich doch manipulieren.
- Was für ein fieser Mensch.
- Der nimmt ja auf nichts und niemanden Rücksicht.
- Dem werde ich es zeigen.

Genau diese Gedanken haben Sie im Beobachtermodus nicht. Dort nehmen Sie nur wahr, was gerade passiert. Das geschieht ohne jegliche Interpretation und ohne Urteil. Dieses Verhalten befähigt Sie dazu, ruhig, gelassen und souverän zu bleiben.
So können Sie sich gemütlich überlegen, wie Sie agieren wollen. Sollte Ihnen das in akuten Situationen schwerfallen, üben Sie es in alltäglichen Situationen, damit Sie sich daran gewöhnen und diesen Modus zukünftig abrufen können.

Vorurteile ausblenden

Stellen Sie sich einmal vor, Sie müssen zu einem Gespräch mit einem Menschen, von dem Sie gehört haben, dass er sehr manipulativ ist. Sicherlich werden Sie sehr vorsichtig sein und jedes Verhalten auf die Goldwaage legen. Doch das ist nicht wirklich hilfreich. Voranname oder Vorurteile können eine sehr blockierende Wirkung haben und sogar Chancen zerstören.

Blenden Sie daher sämtliche Vorurteile aus. Dies können Sie tun, indem Sie sich einfach auf die Verhaltensweisen Ihres Gesprächspartners fokussieren. Nehmen Sie wahr, ob dieser kooperativ, aggressiv, laut, leise, hart oder voller Harmonie ist. Vermuten Sie nicht gleich das Schlimmste. Bleiben Sie einfach aufmerksam und agieren mit den Verhaltensmustern Ihres Gegenübers.

Dem Manipulator helfen

Diese Abwehrtaktik klingt vielleicht auf den ersten Blick paradox. Doch sie ist sehr hilfreich. Die meisten Menschen werden sofort wütend, sobald sie eine Manipulation wittern und zerstören damit jede Grundlage für eine weitere Diskussion. Helfen Sie dem Manipulator, wieder auf den richtigen Weg zu kommen sowie sachlicher und kooperativer zu werden.

- Lassen Sie uns gerne wieder sachlich werden.
- Wenn ich Sie nicht besser kennen würde, könnte ich annehmen, sie wollen mich an der Nase herumführen.
- Wir können gern später weiter herumalbern. Lassen Sie uns aber jetzt wieder zum Wesentlichen kommen.
- Ich würde gern weiter mit Ihnen zusammenarbeiten. Dafür ist es mir aber sehr wichtig, dass wir uns gemeinsam an die Spielregeln halten. Ist das für Sie in Ordnung?

Teil VII – Menschen lesen

Körpersprache und Mimik

Ein Großteil der menschlichen Kommunikation funktioniert nonverbal über die Körpersprache und die Mimik. Forscher gehen davon aus, dass es mehr als 80 Prozent sind. Wir erleben tagtäglich sehr viele Sinneseindrücke, deren Verarbeitung wir über unseren Körper zum Ausdruck bringen. In den meisten Fällen sogar vollkommen unbewusst. Es ist also so, dass die Gefühle, die wir wahrnehmen, unsere Körpersprache beeinflussen. Was viele nicht wissen ist, dass es auch umgekehrt funktioniert. Sie können ebenso Ihren Körper gezielt bewegen und damit Ihre Gefühlswelt verändern.

Vielleicht kennen Sie auch Menschen mit einem geringen Selbstbewusstsein. Wenn Sie diese beobachten, werden Sie feststellen, dass sie sich körpersprachlich oft sehr zurücknehmen. Das hängt damit zusammen, dass sie sich auch innerlich verschlossen fühlen. Das Schöne daran ist, dass es zwei Möglichkeiten gibt, daran etwas zu optimieren. Entweder arbeitet man mit dem Gefühl und verändert es oder man verhält sich körpersprachlich anders. Das erfordert natürlich, sein Bewusstsein darauf zu lenken. Bei der telefonischen Seelsorge ist es beispielsweise so, dass Menschen, die sich suizidal zeigen, einmal die Hände nach oben strecken und in den Himmel schauen sollen. Das klingt vielleicht etwas banal. Doch diese Bewegung sorgt dafür, dass im Gehirn positive Botenstoffe verfügbar gemacht werden. Sie sollten das in kritischen Situationen selbstverständlich nicht einfach nachmachen, sondern jemandem überlassen, der darin geübt ist. Dennoch können Sie anhand dieses Beispiels erkennen, dass der Körper einen großen Einfluss auf die emotionale Welt hat.

Ich möchte Sie an dieser Stelle einmal bitten, eine Übung zu machen. Setzen Sie sich in einen Sessel, auf einen Stuhl oder eine Bank. Beugen

Sie sich nach vorn, lassen den Kopf und die Schultern mal hängen. Bleiben Sie für 30 – 40 Sekunden in dieser Haltung und achten Sie auf Ihr Gefühl. Prägen Sie es sich ein.

Als nächstes stehen Sie auf. Machen Sie sich richtig gerade. Heben Sie den Kopf ganz leicht an, strecken die Brust raus und fassen sich mit angewinkelten Armen in die Hüften. Spüren Sie wieder für 30 – 40 Sekunden in Ihren Körper.

Bemerken Sie den Unterschied?

Wenn Sie sich an die Anleitung gehalten haben, sollten Sie erfahren haben, dass sich die Stimmung von der ersten Haltung zur zweiten Haltung deutlich verändert. Das ist auch einer der Gründe, warum manche Menschen depressiv den Kopf hängen lassen, während andere so aussehen, als hätten sie Rasierklingen unter den Achseln, weil sie sich so breit machen. Sobald sich das innere Gefühl verändert, können Sie kurz- bis mittelfristig noch eine weitere Beobachtung machen. Die Gedanken wandeln sich.

Das bedeutet also, dass man für ein selbstbewussteres und stärkeres Gefühl eine offenere Körpersprache benötigt. Dafür sollte man die Arme und Beine nicht kreuzen, die Brust leicht herausstrecken und etwas Bauchspannung haben. Wem es dabei noch gelingt freundlicher zu schauen, der wird mit einem besseren Gefühl und angenehmeren Gedanken belohnt.

Geschickte Manipulatoren erkennen sehr schnell anhand von unterschiedlichen Merkmalen, wie sich ihre Gesprächspartner gerade fühlen. Daran passen sie oftmals ihre Strategien und Techniken an. Ist jemand voller Selbstbewusstsein, dann nutzen Manipulatoren diese Energie der anderen gerne für ihren Vorteil aus. Oder sie treffen einen wunden Punkt, damit man ihnen nicht die Show stiehlt. Ist hingegen jemand in einer traurigen oder depressiven Stimmung, kann auch dies ausgenutzt werden. Zum Beispiel, um etwas zu verkaufen oder tun zu lassen, was das Gefühl aufbessert. Wer im Bereich der Körpersprache geschult und trainiert ist, kann dies auch manipulativ einsetzen.

Bei der Beobachtung der Körpersprache ist es wichtig, dass man nicht nur auf einzelne Merkmale achtet. Denn dann kann man sich schnell vertun. Man muss immer den gesamten Zusammenhang deuten. Wenn jemand beispielsweise die Arme vor Ihnen verschränkt, kann das bedeuten, dass diese Person eine ablehnende Haltung eingenommen hat. Es kann aber auch ein Zeichen für Entspannung sein.

Im Folgenden gebe ich Ihnen gern einen Überblick über die häufigsten körpersprachlichen Merkmale. Diese können Ihnen dabei helfen, Ihre Beobachtungsgabe weiter zu verschärfen.

Übereinandergeschlagene Beine in Richtung des Gesprächspartners	interessiert und offen
Übereinandergeschlagene Beine weg vom Gesprächspartner	uninteressiert und distanziert
Vorgebeugter Oberkörper	zugewandt und dominant
Zurückgeneigter Oberkörper	entspannt und distanziert
Aufgerichteter Kopf	sicher, unflexibel und konzentriert
Zur Seite geneigter Kopf	Zweifel, Vertrauen, ist weich geworden
Kopf ist gesenkt	Unsicherheit, Gefühle von Schuld
Zurückgeworfener Kopf	Arroganz, Impuls zum Flirten
Verschränkte Arme vor der Brust	macht dicht oder entspannt sich

Hand in der Tasche	versteckt etwas, ist unsicher oder locker
Brille herunternehmen	zieht sich zurück oder ist dominant
Sich die Brille putzen	nicht höflich
Kurzer Blick zur Seite	will Meinung nicht äußern
Gefaltete Hände	abwartend und gelassen
Stirn wird gerieben	gestresst
Hände aneinander reiben	sieht einen Gewinn oder Vorteil
Mund mit Hand verdecken	verbirgt etwas, ist nicht offen
Kragen lockern	sich locker machen, Feierabend
Griff an die Nase	lügt oder ist unsicher
Auf dem Tisch trommelnde Finger	auffordernd
Starker Händedruck	soll abschrecken, zeigt Selbstbewusstsein
Schultern sind hochgezogen	unwissend und unsicher
Streichelt Gegenstände	noch nicht entschlossen
Spielt mit Gegenständen	Nervosität
Daumen zeigen	Zustimmung

In der Körpersprache gibt es nicht nur Bewegungsabläufe, die sich interpretieren lassen, sondern auch der Abstand zwischen Menschen spielt eine wesentliche Rolle:

Nebeneinandersitzend	kooperativ
Gegenübersitzend	konfrontierend, gesprächsführend
Abstand über 80 cm	achtet Grenzen

Abstand unter 80 cm	grenzüberschreitend, sucht Nähe
Schnelle Annäherung	eilig unterwegs, will abschrecken

Jetzt haben Sie einen guten Überblick über die wesentlichen Merkmale der Körpersprache erhalten. Dieses Thema ist so vielseitig und tiefgründig, dass es schon eine eigene Wissenschaft ist. Sehen Sie es mir also nach, dass ich mich im Zusammenhang mit der Manipulation auf das beschränke, was hier wichtig ist. Es ist aber auch so, dass Sie kein Experte im Bereich der Körpersprache werden müssen. Wenn Sie das umsetzen, was ich Ihnen mit auf den Weg gebe, können Sie bereits mehr als 95 Prozent aller anderen Menschen.

Ein wesentlicher Teil der Körpersprache ist nicht nur die Gestik, sondern auch die Mimik, also die markanten, aber manchmal sehr feinen Bewegungen im Gesicht. Anhand derer lässt sich leicht ablesen, was gerade in jemandem vorgeht. Dabei ist es ebenso erforderlich, den Gesamtkontext zu beobachten und zu bewerten. Nur aus einzelnen Merkmalen einen endgültigen Schluss zu fassen, entpuppt sich schnell als ein Fehler.

Manipulatoren kann man oft daran erkennen, dass sie eine übertriebene und unauthentische Mimik haben. Man sieht, dass sie aufgesetzt und gesteuert ist. Es wirkt dann oft wie Schauspielerei für diejenigen, die sich mit der Mimik etwas auseinandergesetzt haben.

Die Gesichtsmuskeln, die für die Bewegungen im Gesicht verantwortlich sind, sind ebenfalls sehr eng mit dem Gefühlszentrum im Gehirn verbunden. Das bedeutet, dass man sowohl die Gefühle im Gesicht lesen kann, als auch entsprechende Gefühle über diesen Weg erzeugen kann.

Sicherlich erinnern Sie sich noch an die Übung von vorhin. Nun möchte ich Sie zu einem zweiten kleinen Experiment einladen. Schauen Sie dazu in einen Spiegel. Es reicht, wenn er so groß ist, dass Sie Ihr Gesicht gut sehen können. Nun schauen Sie sich selbst einmal ganz tief in die Augen. Möglicherweise stellen Sie fest, dass es sich irgendwie unangenehm oder ungewohnt für Sie anfühlt. Lassen Sie sich davon nicht irritieren. Spannen Sie nun Ihre Wangenmuskeln an. Grinsen Sie übertrieben. Auch, wenn es sich völlig unsinnig anfühlt. Halten Sie diese Spannung im Gesicht für 90 Sekunden. Achten Sie über die Dauer auf Ihre Gefühlswelt. Was verändert sich? Wie fühlt es sich an? Wie entwickelt sich das Gefühl?

Wenn Sie die Übung richtig ausgeführt haben, werden Sie auch feststellen, dass Sie sich etwas fröhlicher als zuvor fühlen. Das ist fantastisch, oder? Wir können uns somit durch unsere Körpersprache, die Gestik und die Mimik selbst so manipulieren, dass wir uns besser fühlen. Die meisten Menschen tun das übrigens den ganzen Tag über. Nur mit dem Unterschied, dass sie sich in eine negativere Gefühlswelt katapultieren, da sie diese Gesetzmäßigkeiten und Zusammenhänge nicht kennen. Das ist auch ein Zeichen dafür, dass es nicht nur beim Grinsen funktioniert, sondern mit jedem anderen Gesichtsausdruck gleichermaßen. Menschen, die häufig depressiv schauen, erleben auch öfters depressive Verstimmungen. Seien Sie somit achtsam, wenn es um Ihren Ausdruck geht. Denn dieser entscheidet über Ihre Gefühlswelt.

Was viele nicht wissen, ist, dass die Mimik auch einen massiven Einfluss auf andere Menschen in der Umgebung hat. Gehen Sie einmal ganz normal durch die Stadt, wie Sie es sonst auch tun. Achten Sie dabei auf die Reaktion der Menschen. Danach gehen Sie erneut durch die Straßen und lächeln freundlich dabei. Wenn Sie es nicht zu übertrieben machen, werden Sie feststellen, dass man nun auch Ihnen freundliche Blicke zuwirft. Menschen kopieren nämlich unbewusst das Verhalten und die Stimmung anderer.

Wenn man innerhalb der Mimikforschung recherchiert, erfährt man, dass es über 2.800 unterschiedliche Gesichtsausdrücke gibt. Für viele ist das unvorstellbar. Tatsächlich ist es auch für die alltäglichen Anwendungszwecke nicht wichtig, diese alle zu kennen. Es wäre auch kaum möglich, sich das alles zu merken. Die Grundlagen in diesem Kapitel sind vollkommen ausreichend und zielführend. Je besser Sie diese Inhalte umsetzen können, desto einfach wird es Ihnen auch gelingen, Schwindlern auf die Schliche zu kommen.

Haben Sie sich während des Lesens dieses Buches mal die Frage gestellt, wie Gesichtsausdrücke eigentlich entstehen und warum sie bei den meisten Menschen nahezu identisch sind? Denken Sie an kleine Babys, die gerade geboren sind und noch nicht mit den Mitmenschen kommunizieren können. Außer vielleicht über das Schreien. Nach einigen Tagen sehen sie ihre Eltern und beginnen nach wenigen Wochen in deren Gesichtern zu lesen. Sie lernen fröhliche Gesichtsausdrücke von gestressten oder traurigen zu unterscheiden. Da sie die Sprache noch nicht verstehen, ist es ihre einzige Möglichkeit, Stimmungen zu interpretieren. Dabei hat man es ihnen nie konkret beigebracht. Sie lernen das Lesen in Gesichtern ganz automatisch. Diese Erfahrungen speichern die Kleinen ab und lernen, entsprechend darauf zu reagieren. Dieses Wissen können sie unbewusst noch Jahre später abrufen. Kinder, die schon in den Kindergarten oder in die Schule gehen, bemerken sehr schnell, wenn ein Gesichtsausdruck nicht zu den gesagten Worten passt. Wirkt beispielsweise ein Freund traurig, sagt er aber, dass alles in Ordnung sei, wird das sofort bemerkt. Man kann auch wunderbar beobachten, wie Kinder ganz von allein lernen, ihre Mimik einzusetzen. Wenn sie von Mama oder Papa etwas haben wollen, dann kommen die Kulleraugen und der verschmitzte Gesichtsausdruck zum Vorschein. Das ist ein sehr wichtiger Entwicklungsprozess. Denn dadurch erfahren sie mehr über ihre Emotionen. Und das wiederum fördert das Empathievermögen. Wer sich und seine Gefühlswelt gut kennt, kann sich auch besser in andere einfühlen.

Konkretes zum Mimiklesen

Paul Ekmann ist ein US-amerikanischer Psychologe und Mimikforscher. Er hat in den 1960er Jahren entdeckt, dass sich alle menschlichen Emotionen auf sieben Basisemotionen zurückführen lassen. Und diese wichtige Erkenntnis ermöglicht es auch, das Mimiklesen sehr einfach zu erlernen bzw. viel bewusster zu gestalten. Sobald Sie mehr auf den Gesichtsausdruck anderer Menschen achten, fällt es Ihnen leichter, die richtigen Schlussfolgerungen zu ziehen.

Die sieben Basisemotionen sind:

1. Freude
2. Wut
3. Angst
4. Ekel
5. Trauer
6. Überraschung
7. Verachtung

Beispiele von Mimiksignalen

Angehobene Augenlieder, glatte Stirn	Sympathie, Erstaunen
Mundwinkel sind locker	Entspannung, Ruhe
Gähnen	Langeweile, Desinteresse
Blickkontakt ist konzentriert	Interesse, Aufmerksamkeit
Mundwinkel sind hochgezogen	Fröhlichkeit
Lippen sind zusammengekniffen	innerliche Anspannung
Unterlippe ist vorgeschoben	Skepsis, Ungläubigkeit, beleidigt sein
Mund ist offen	Erstaunen

Pupillen sind klein	Anspannung, Skepsis, Nachdenklichkeit
Nase ist gerümpft	Unsicherheit oder Ekel
Vermeidender Blickkontakt	Desinteresse, Verlegenheit
Jemanden anstarren	Arroganz, Überheblichkeit, Verträumtheit
Lidschlag pulsiert	Unsicherheit, Nervosität
Hochziehen der Augenbrauen	Ungläubigkeit, Irritation
Angehobene Augenbrauen	Erstaunen, Skepsis
Verdrehte Augen	Ungeduld, Skepsis, Ungläubigkeit
Versteinertes Gesicht	Ablehnung, Distanziertheit
Gerunzelte Stirn	Missbilligung, Nachdenklichkeit

Der Unterschied zwischen Miko- und Makroexpressionen

Es gibt sehr schnelle und langsamere mimische Bewegungen. Die langsamen nennt man Makroexpressionen und die schnelleren Mikroexpressionen. Der Unterschied liegt darin, dass die schnellen Abläufe unbewusst und automatisch funktionieren, während es für die langsamen Bewegungen eine bewusste Steuerung braucht. Somit können Sie an der Schnelligkeit der Bewegungen im Gesicht erkennen, ob etwas auf Basis echter Gefühle geschieht oder vom Gegenüber gesteuert wurde. Dabei ist es wichtig, auf die erste Reaktion zu schauen. Manchmal sind es nur ganz kurze Bewegungen oder gar Zuckungen, die Ihnen zeigen, was tatsächlich vorgeht. Denn es kann sein, dass die Mikroexpression einen Ekel oder eine Abneigung zeigt und direkt danach doch eine freundliche und lächelnde Zustimmung kommt. Wenn Sie das bemerken, haben Sie zwei Optionen:

1. Sie haben es bemerkt und sehen darüber hinweg.
2. Sie sprechen Ihren Gesprächspartner an und fragen zum Beispiel: „Sind Sie sicher oder stört Sie noch etwas?“

Sie haben nun einiges über die Körpersprache, Gestik und Mimik erfahren. Achten Sie bitte immer darauf, dass Sie den Gesamtkontext im Auge behalten. Viele Details müssen zusammen bewertet werden, um die richtigen Schlüsse ziehen zu können.

Schauen Sie auf die Details.

Lügensymptome

Dass auch das Lügen eine Manipulationstechnik ist, wissen Sie bereits. Doch ist es nicht immer so einfach, eine Unwahrheit von der Wahrheit zu unterscheiden. Vielleicht sind Sie auch schon mal in eine Falle getappt oder Opfer einer frechen Lüge geworden. Spätestens seitdem wissen Sie, wie unangenehm dies sein kann. Im Folgenden möchte ich Ihnen einige Anhaltspunkte mit an die Hand geben, die Ihnen dabei helfen werden, Lügen schneller zu erkennen. Wichtig dabei ist, dass es keine expliziten Beweise sind, sondern nur Indizien. Doch wie bei einem Verhör der Polizei oder dem FBI führen mehrere Indizien schnell zur Wahrheit. Bei folgenden Indizien sollten Sie wachsam werden:

Symbolisierte Ehrlichkeit

Wer seine Ehrlichkeit immer wieder erwähnt, hat oftmals unbewusst Bedenken, dass seine Lügen auffliegen könnten. *Achten Sie auf folgende Formulierungen:*

- Ganz ehrlich …
- Jetzt mal ehrlich …
- Ehrlich gesagt …
- Ungelogen …
- Jetzt mal ganz offen …
- Mir geht es dabei um Ehrlichkeit …

Formulierungen, die Relativierungen enthalten

Wer seine eigenen Aussagen relativiert, ist sich scheinbar der Wahrheit nicht so sicher. Werden Sie bei folgenden Formulierungen skeptisch und hinterfragen diese.

- Ich glaube…
- Soweit ich mich erinnere …
- Nach meiner Erinnerung …
- Ich bin mir fast sicher, dass …

Verallgemeinerungen

Wenn man die Ich-Formulierung vermeidet und nicht genau beschreibt, wer wann was gesehen oder gemacht hat, kann der Verdacht naheliegen, dass man sich selbst nicht ganz sicher ist, ob die Aussage stimmt oder etwas frei erfunden wurde.

- Man weiß seit Jahren …
- Wir haben letztes Jahr bereits gesehen, dass …

Unschuldsbeteuerungen

Jemand, der ständig davon spricht, dass er mit etwas nichts zu tun hat oder unschuldig ist, könnte etwas verbergen. Dabei wird jedoch erst eine regelmäßige Wiederholung verdächtig.

- Ich habe damit nichts zu tun.
- Ich bin unschuldig.
- Ich weiß nichts davon.

Schönfärberei

Wenn etwas Schwerwiegendes passiert ist, wie zum Beispiel ein Banküberfall oder das Verschwinden einer Person, und jemand formuliert die Geschehnisse besonders schöngefärbt, dann ist Achtsamkeit geboten.

- Ich habe mit der vermissten Person nichts zu tun.
- Ich habe mit dem gesuchten Geld nichts zu tun.
- Ich weiß nichts von einer gesuchten Person.

Vielleicht fragen Sie sich jetzt, was denn an diesen Aussagen auffällig sein soll. Menschen, die etwas verbergen, was sie getan haben, neigen dazu, die Tat positiver darzustellen, als sie tatsächlich war. Es heißt dann nicht „ein Raubüberfall", sondern „das gesuchte Geld" oder statt „entführte Person" eher „gesuchte Person".

Jemand ist selbst sein Zeuge

Überzeugen durch Zeugen ist in der Regel ein sehr wirkungsvolles Mittel. Wenn zum Beispiel ein Unternehmen viele Referenzen hat, steigt das Vertrauen in der Branche. Manche machen sich diesen Effekt zu Nutze, haben jedoch niemanden, auf den sie sich berufen können. Also nehmen sie sich selbst als Zeugen. Und tatsächlich ist es so, dass viele darauf hereinfallen und es nicht bemerken.

- Wie ich ja schon mehrfach erklärt habe …
- Wie ich schon vor Jahren nachweisen konnte …
- Aufgrund meiner jahrelangen Erfahrung …

Mismatch zwischen dem gesprochenen Wort und der Körpersprache

Das Thema mit der Körpersprache und der Mimik haben wir bereits ausführlich behandelt. Doch möchte ich es in diesem Kontext nochmal speziell hervorheben, da es ein sehr wichtiges Element bei der Aufdeckung von Lügen ist. Sobald jemand eine Körpersprache zeigt, die nicht zu seinen Aussagen passt, stimmt irgendetwas nicht.

Das kann mit einer Lüge zusammenhängen. Wenn jemand zum Beispiel darüber spricht, dass er traurig ist über den Verlust seines Haustieres, jedoch körpersprachlich so wirkt, als hätte er gerade ein Tor beim Fußball geschossen, können Sie dieses Indiz etwas genauer unter die Lupe nehmen. Umgekehrt aber auch, wenn jemand sagt, er wäre maximal motiviert, aber körpersprachlich einen erschöpften Eindruck macht.

Unüblicher Blickkontakt

Grundsätzlich mögen Menschen Blickkontakt. Doch was ist, wenn man die ganze Zeit angestarrt wird oder jemand im Gespräch ständig den Blick zur Seite schweifen lässt? Auch dann haben wir ein Indiz mehr, dass etwas im seelischen Gleichgewicht nicht stimmt. Entweder möchte die Person zwanghaft den Augenkontakt halten, um nicht aufzufallen oder der Blick geht immer zur Seite, weil man es als unangenehm empfindet, jemanden anzuschauen, während man lügt.

Körperliche Reaktionen

Mit den körperlichen Reaktionen ist in diesem Fall nicht die Körpersprache in Form von Gestik und Mimik gemeint. Manche Lügner werden hingegen sehr auffällig rot im Gesicht, schlucken unkontrolliert, räuspern sich ständig oder beginnen zu schwitzen. Solche Symptome können selbstverständlich auch mit allgemeiner Nervosität oder dem Erwartungsdruck zusammenhängen. Es kann aber auch die Angst sein, als Lügenbaron entlarvt zu werden.

Herunterspielen des Sachverhaltes

Stellen Sie sich vor, ein Junge kommt mit seiner ersten 5 in Mathe zu seinen Eltern. Er wird gefragt, wie es dazu kam, ob er nicht ausreichend gelernt hätte oder er Nachhilfe bräuchte. Daraufhin entgegnet der Junge: „Macht Euch keine Sorgen. Fast alle hatten eine 5. Manche waren sogar noch schlechter. Das kann man so nicht bewerten.“ Solche Äußerungen sind oft ein Zeichen dafür, dass der Sachverhalt heruntergespielt wird, um ein höheres Ziel zu erreichen. In diesem Fall, um keinen Ärger zu bekommen oder nicht noch mehr Freizeit aufgeben zu müssen.

Das Antwortzeitverhalten

Jeder Mensch reagiert in individueller Geschwindigkeit auf Fragestellungen. Bei manchen ist es üblich, dass sie etwas länger brauchen, während andere sehr schnell sind, wenn eine Frage an sie gerichtet wird. Somit hat jeder Mensch sein eigenes Antwortzeitverhalten. Auffällig wird es jedoch, wenn eine üblich schnelle Person auf einmal für Antworten deutlich länger braucht oder viele Pausen beim Sprechen macht. Das Gleiche gilt umgekehrt.

Entscheidungen, die nicht zur Handlung passen

Ich hatte mal einen Geschäftspartner, dem ich ein Angebot unterbreitet hatte. Er rief mich immer wieder dazu an und stellte mir Fragen. Nach dem dritten Gespräch fragte ich ihn, ob er es denn nun annehmen wolle oder nicht. Daraufhin lehnte er ab. In den folgenden Tagen rief er mich trotzdem noch zweimal an und stellte weitere Fragen. Meinem Eindruck nach wollte er von mir, dass ich ihm mit meinem Angebot nochmal entgegenkomme. An diesem Punkt erklärte ich ihm, dass ich ihn sehr schätzen und mein Angebot noch stehen würde, ich jedoch am Preis nichts mehr machen könne. Am selben Tag erhielt ich den Auftrag.

Es ist recht auffällig, wenn jemand eine Entscheidung kommuniziert, sich aber ganz anders verhält. Es ist so, als würde eine Frau ihren Freund verlassen, ihn aber dennoch täglich anrufen und sich mit ihm treffen wollen. Eigentlich will sie damit sagen: „Kämpfe um mich."

Epilog

Vielleicht erinnern Sie sich noch an den Beginn dieses Buches. Ich saß damals in meinem Hotelzimmer, schaute auf das wunderschön glitzernde Meer und konnte einmal so richtig zur Ruhe kommen und die letzten Wochen und Monate reflektieren. Mir wurde klar, was ich erreicht hatte und dass eine der größten Fähigkeiten in meinem Leben die Kunst war, mich nicht von anderen an der Nase herumführen zu lassen, sondern Manipulatoren souverän entgegenzuwirken. Auf der anderen Seite lernte ich aber auch, andere Menschen zu motivieren und zu überzeugen.

Auch wenn ich eigentlich Urlaub hatte und mich von meinem beruflichen Alltag etwas zurücknehmen wollte, traf ich eine Entscheidung, mit der ich selbst nicht rechnete. Ich war emotional so ergriffen von dem Blick in meine Vergangenheit, dass ich begann alles aufzuschreiben. Ich nahm meinen Laptop, öffnete eine neue Datei in meinem Textverarbeitungsprogramm und war in einem unendlichen Flow. Anschließend sortierte ich alles und bemerkte, dass es sich nicht nur um Notizen handelte, die aus mir herauswollten. Es war die Entscheidung, dieses Buch hier zu schreiben.

Und so saß ich sechstausend Kilometer von zu Hause entfernt und schrieb fleißig. Viele Menschen können sich gar nicht vorstellen, dass ein solches Projekt in kurzer Zeit entstehen kann. Manche schreiben viele Monate oder Jahre. Wenn man jedoch so viel erlebt und erfahren hat und in einem absoluten Flowzustand ist, dann sprudelt es einfach aus einem heraus. Man muss nichts recherchieren, nachlesen oder bei anderen erfragen. Es ist alles schon da und muss nur noch in eine lesbare Form gebracht werden. Genau so ist dieses Buch entstanden.

Viele Menschen machen schwere Zeiten durch oder befinden sich in einer Krise. Hat man jedoch die richtigen Fähigkeiten, lässt sich vieles lösen und verändern. Die Fähigkeit, andere Menschen zu überzeugen, gefährliche Manipulation zu erkennen und sich dagegen wehren zu können, gehört zum Handwerkzeug eines jeden erfolgreichen Menschen. Und mir war es ein besonderes Anliegen, dieses Wissen und diese Erfahrungen mit Ihnen zu teilen.

Möge Ihnen dieser Ratgeber ein ständiger Begleiter sein.

Mit meinen besten Wünschen
Ihr Richard Nehls-Zeiler

Dank

Vielen Dank dafür, dass Sie mein Buch gelesen haben.

Herzlichst,
Ihr Richard Nehls-Zeiler

Weiterführende Literatur

Power – Die 48 Gesetze der Macht – Robert Greene - 2013 – Carl Hanser Verlag

Der Luzifer-Effekt – Die Macht der Umstände und die Psychologie des Bösen – Philip Zimbaro - 2016 – Springer Verlag

Glaube wenig, hinterfrage alles, denke selbst – Wie man Manipulation durchschaut – Albrecht Müller – Westend Verlag

Menschen durchschauen und richtig behandeln – Psychologie für Beruf und Familie – Werner Correll – MVG Verlag

Dunkle Rhetorik – Manipuliere, bevor du manipuliert wirst! – Wladislaw Jachtchenko – 2019 – Goldmann Verlag

Mega-Manipulation - Ideologische Konditionierung in der Fassadendemokratie – Ullrich Mies – 2020 – Westend Verlag

Verbotene Rhetorik – Die Kunst der skrupellosen Manipulation – Gloria Beck – 2007 – Pieper Verlag

Psychologie der Massen – Gustav Le Bon – 2016 – Annaconda Verlag

Menschen lesen: Ein FBI-Agent erklärt, wie man Körpersprache entschlüsselt – Joe Navarro – 2021 – MVG Verlag

Mobbt die Mobber – So setzen Sie sich gekonnt zur Wehr – Dr. Holger Wyrwa – 2017 – Goldmann Verlag

Der Arschloch-Faktor – Vom geschickten Umgang mit Aufschneidern, Intriganten und Despoten in Unternehmen – Robert I.Sutton – 2008 – Heyne Verlag

Ich freue mich auf Ihr Feedback

Für mich ist es sehr wichtig, Feedback zu meinem Buch zu bekommen. Wenn Sie Anregungen oder Verbesserungsvorschläge haben, so schreiben Sie mir doch bitte eine Mail:
info@mellontikos-verlag.com

bevor Sie eine schlechte Bewertung abgeben. Ich freue mich sehr über konstruktive Kritik. Da es mich viel Zeit und Energie gekostet hat, dieses Buch zu erstellen, wäre ich Ihnen sehr dankbar, wenn Sie mir anstelle einer schlechten Bewertung Ihre Verbesserungsvorschläge persönlich zukommen lassen. Denn dann hätte ich eine Chance, Ihre Kritik anzunehmen und mein Buch zu verbessern.

Über eine Rückmeldung in Form einer Rezension auf Amazon würde ich mich ebenfalls sehr freuen. Diese können Sie wie folgt erstellen: Besuchen Sie auf Amazon.de die Produktseite des Artikels, für den Sie eine Rezension erstellen möchten. Klicken Sie unter Kundenrezensionen auf „Kundenrezension verfassen". Bewerten Sie den Artikel und verfassen Ihre Rezension.

Alternativ können Sie diesen Link benutzen, der Sie direkt auf die Seite leitet, auf der bestellte Produkte zu bewerten sind. Der Link ist verschlüsselt und sicher:
https://mellontikos-verlag.com/Bewertung

Über den Verlag

Der junge, moderne Verlag MELLONTIKOS wurde 2021 gegründet mit dem Ziel, seinen Leserinnen & Lesern nützliche sowie hochwertige Qualitäts-Ratgeber zu den verschiedensten Themen anzubieten, die allesamt von erfahrenen Expertinnen & Experten stammen.

Der Mehrwert der Bücher steht absolut im Vordergrund und besteht darin, clevere Lösungen leicht verständlich vorzustellen und Sie zu inspirieren.

Genau deshalb arbeitet der Mellontikos Verlag ausschließlich mit ausgewählten Schriftstellerinnen & Schriftstellern zusammen, die eine große Expertise und einen langjährigen Erfahrungsschatz vorzuweisen haben.

Diese stellt Ihnen der Verlag auf seiner Webseite persönlich vor, damit Sie sich selbst ein Bild machen können von dem hochqualifizierten und engagierten Autorenteam sowie den aufwendigen Werken.

https://mellontikos-verlag.com

Haftungsausschluss

Der Autor übernimmt keinerlei Gewähr für die Aktualität, Korrektheit, Vollständigkeit oder Qualität der bereitgestellten Informationen und weiteren Informationen. Haftungsansprüche gegen den Autor, welche sich auf Schäden materieller oder ideeller Art beziehen, die durch die Nutzung oder Nichtnutzung der dargebotenen Informationen bzw. durch die Nutzung fehlerhafter und unvollständiger Informationen verursacht wurden, sind grundsätzlich ausgeschlossen, sofern seitens des Autors kein nachweislich vorsätzliches oder grob fahrlässiges Verschulden vorliegt. Alle Angaben wurden vom Autor mit größter Sorgfalt und nach bestem Wissen und Gewissen recherchiert oder spiegeln seine eigene Meinung wider. Der Inhalt des Buches passt möglicherweise nicht zu jedem Leser und die Umsetzung erfolgt ausdrücklich auf eigenes Risiko. Es gibt keine Garantie dafür, dass alles genau so, bei jedem Leser, zu genau den gleichen Ergebnissen führt. Der Autor und/oder Herausgeber kann für etwaige Schäden jedweder Art aus keinem Rechtsgrund eine Haftung übernehmen.

Urheberrecht

Printed in Poland
by Amazon Fulfillment
Poland Sp. z o.o., Wrocław

28706609R00095